A veces nadie

A veces nadie

Un viaje al corazón de la soledad

Casilda Sánchez Varela

Papel certificado por el Forest Stewardship Council®

Primera edición: mayo de 2026

Printed in Spain – Impreso en España

ISBN: 978-84-18967-93-1
Depósito legal: B-4.391-2026

Compuesto en M. I. Maquetación, S. L.

Impreso en Black Print CPI Ibérica
Sant Andreu de la Barca (Barcelona)

C 9 6 7 9 3 1

A mi hermana Chía,
eterno camino de regreso

Índice

Introducción   11

La mitad del silencio   27
El frío de al lado   49
El espigón   73
El fin del amor   95
La soledad de la carne   115
La muñeca y el mar   135
La intemperie   159
Tercero sin ascensor   183
El baile   207

Introducción

> No hay individualidad, no hay libertad sin desarraigo.
>
> Leïla Slimani

Cada etapa de mi vida es de un color distinto. Mi niñez es blanca, un fogonazo de luz quemada. Los años de la Piedra, lugar y nombre de la pandilla de mi adolescencia, son de color púrpura. La universidad es rojiza; mis dos primeros hijos, azul cielo, y los dos segundos, como el gris de la niebla que sube del río.

Esta forma que tiene mi memoria de clasificar los recuerdos permite que me sitúe con facilidad y saber, por ejemplo, que la época verde, verde como un jardín en sombra, no empezó exactamente el día de mi divorcio, sino una noche, seis meses después, en un avión rumbo a Bali.

Nunca me había ido de viaje sola tanto tiempo.

Tomé la decisión porque necesitaba entrenarme en las ausencias. Mi vida se había llenado de ellas con la separación y la custodia compartida, y no tenía músculo para cargarlas. Pensé que pasar una temporada lejos, sin nadie cerca, me daría herramientas para afrontar lo que tocaba, para echarme a la espalda el peso de las camas vacías, los largos domingos de silencio o la imagen de las familias intactas al otro lado del cristal. Además, en otros momentos decisivos, viajar había cambiado el ritmo de las cosas. No me salvó de nada, no volví siendo otra, pero tuve la sensación de que marcharme había hecho más cortos, o al menos más llevaderos, los tramos difíciles.

Todo habría ido bien si con la determinación bastara. Si no existieran las madrugadas, el insomnio y los runrunes. Si la edad no fuera una lenta sedimentación de miedos nuevos. Las cuatro o cinco noches antes de irme no pegué ojo. Vueltas y más vueltas en la cama tratando de espantar el enjambre de temores —concretos unos, borrosos los otros— que batían sus alas dentro de mi cabeza. Imaginaba un ataque de pánico sobrevolando el océano. Otras veces me veía dentro de un taxi que aceleraba de pronto hacia la oscuridad. Una infección de muelas, un esguince, una hemorragia. Y todo, sola. En otro plano, más al fondo, estaba lo indeterminado, el miedo abstracto: «Hace veinte años que no viajas sola. Es más, nunca en toda tu vida has pasado tanto tiempo completamente sola».

«Lo único que tienes que hacer es subirte mañana al avión», me dijo un amigo con el que me escribo a veces de madrugada. En aquel momento desprecié el consejo por obvio, y, sin embargo, lo he recordado muchas veces después.

Al día siguiente, terminé de hacer la maleta y salí hacia el aeropuerto. Nunca deja de sorprenderme la capacidad que tiene el cuerpo en los momentos críticos de funcionar al margen de ti. De hablar y decir cosas con sentido cuando tienes la mente en blanco, por ejemplo. Es como si existiera un cerebro clandestino, al margen del oficial, que se pone a los mandos de la nave cuando se activa el piloto de emergencia. No me equivoqué de terminal, no me olvidé de nada, saqué con agilidad el pasaporte del bolso, compré unas gafas en el *duty free*, escribí varios mensajes entre ocurrentes y melodramáticos y, al recorrer el pasillo del avión, parecía tan tranquila como el resto de los pasajeros. Suelo memorizar sus caras por razones siniestras. Supongo que tomé alguna pastilla para dormir, no me acuerdo; lo que sí recuerdo, como si acabara de suceder, es despertarme en mitad de la noche. El avión languidecía en una penumbra apenas interrumpida por las luces de lectura de algunos asientos y los claroscuros de las pantallas de otros. La persiana de mi ventanilla estaba bajada, así que no pude entretenerme con la sugerente oscuridad del universo. Recosté la cabeza contra aquel plástico fronterizo y la realidad empezó a entremezclarse de una forma extraña: la ventana que no se abre, pero que redirige hacia otra que sí lo hace y que, en lugar de mirar al abismo, que no se ve, mira hacia lo íntimo, que tampoco se ve, pero de forma distinta. Allí donde se posa la mirada cuando se invierte hacia dentro, giraba frenético el rostro de mis hijos, alejándose; el de mi madre, indescifrable; la silueta del avión visto desde fuera; el vértigo de estar suspendida en la nada y hacia la nada, la ausencia de certezas, de suelo, de destino. Todo aquello dio vueltas en mi interior unos minutos hasta que, de pronto, una sensación muy fuerte me subió por el cuerpo hasta explotarme en los pulmones. Una marea de algo tan dichoso, vertiginoso e invencible que por un instante creí que, al fin, después de tanto pedirlo, se me estaba apareciendo Dios. Pero no, no era Dios: era la libertad.

No es necesario aclarar que la sensación duró solo un momento; que varias veces durante ese viaje me metí llorando en el mar; que en los años posteriores volví a tener muchos días de una tristeza hermética como un sepulcro. Sin embargo, aquello existió: aquel relámpago de eternidad había pasado por mí y, cuando algo tan poderoso te recorre, aunque sea solo unos segundos, la noción de ti misma se reescribe.

Tras el fogonazo, pasé un buen rato tratando de comprender lo que acababa de ocurrir. Abrí las notas del teléfono y escribí, en automático, pensamientos e imágenes sueltas en un intento de fotografiarme por dentro. Necesitaba entender el proceso, el punto de inflexión, el truco por el cual una misma realidad, la de estar sola, había pasado de generarme un dolor agónico a, de repente, manifestarse como un placer casi místico.

Tiempo después perdí el teléfono y, con él, las notas, pero lo importante se quedó conmigo. Esa noche, en ese vuelo, decidí coger las riendas de mi soledad. Sabía que eso exigía despojarla del posesivo, descabalgarla y estudiarle las patas, el pelaje y la mirada. Es imposible dominar lo que no se entiende.

Si tiro del hilo de mis inquietudes, me doy cuenta de que mi atracción por la soledad se remonta a la niñez. Quizá porque no la tuve, quizá porque vengo de una larga estirpe de hombres y mujeres que aprendieron a volar en su aliento. Mi abuelo Antonio, el padre de mi padre, se quedó huérfano con ocho años. Su padre se fugó a Marruecos poco después de nacer él y, cuando su madre murió, varios tíos se los repartieron a él y a sus hermanas. A mi abuelo le tocó irse al campo con una pariente lejana que lo metió a vivir en una barraca lejos de la casa principal. Solo. Apenas le daban de comer, y mi tía María, su hija, solía contar que por las noches temblaba de miedo. De esa forma extrema de privación brotó un virtuoso de la supervivencia, un hombre capaz de pasarse la noche tocando la guitarra en una venta y llegar a casa con el pan del desayuno para echarse a dormir un par de horas e irse a vender al *mercao*. Un día tras otro. Un año tras otro. Sin quejarse, sin desfallecer. He conocido a pocos padres con más autoridad que la suya y a casi ninguno que la haya mantenido intacta durante toda la vida. No era solo temor —fue un padre muy severo—; si no, hubieran acabado por rebelarse. Era también admiración y gratitud. Cuando todo eso convive, la autoridad ya no se tiene: se es.

De la soledad de mi padre se ha hablado ya mucho. De su niñez encerrado con la guitarra nueve horas al día después de la famosa frase de mi abuelo: «Paco, tú sabes ya leer y escribir y hacer cuentas, ¿no?, pues fuera de la escuela, que tienes que ponerte a tocar». Hasta se ha escrito un libro, *El plan maestro*. En el documental que le dedicó mi hermano Curro, *La búsqueda*, explicaba así su relación con la soledad: «Mi estado natural es estar solo; yo me he pasado el noventa por ciento de mi vida solo. He llegado incluso a ver fantasmas». Imagino que, cuando la gente escucha eso, supone que se refiere a la suma de horas de estudio, hotel y giras, y a la tendencia a la introversión, pero lo que no sabe es que incluye muchos momentos en los que, físicamente, no estaba solo.

Recuerdo a menudo los años de *Siroco* (para muchos, el disco cumbre de su carrera). Yo debía de tener siete u ocho años cuando se encerró en casa a imaginarlo. Durante esa época vivimos, por primera vez, con los ritmos de una familia normal. Papá se despertaba con nosotros, desayunábamos juntos y, cuando nos íbamos al colegio, bajaba al estudio a tocar. Por la tarde subía de vez en cuando a hacerse un café o rebuscar en la nevera. El chándal rojo, las manos en llamas. Durante la cena hablábamos, le contábamos, nos esforzábamos por hacerlo reír. Lo tratábamos con esa urgencia de querer a alguien a quien no se tiene del todo. Él sonreía, preguntaba, gastaba una broma o sintetizaba el universo en dos frases cortas, pero yo notaba que la mayor parte del tiempo estaba ausente, que te miraba sin verte, que ese gesto tan suyo de recostar la cara sobre la mano derecha y con la izquierda tamborilear muy leve sobre la mesa era en realidad una mudanza. Con los acordes en el mantel, empezaba a irse, a empacar las dudas, la sed, la rabia y el mar para llevárselo arriba, a esa cumbre de brumas y hallazgos que es la creación. Fijaba la vista en lo invisible. Ya no estaba. O ya no estábamos nosotros. Todo lo de aquí —la noche, la mesa de caoba, el retrato del torero, la piel de naranja en el plato y nuestro ahínco de seducción— enmudecía tras esa gasa blanca que separa lo corpóreo de la ensoñación.

La soledad perenne a la que se refería mi padre en el documental era esa, la del otro lado de la realidad. La del verte arrastrado, quieras o no, a un más allá de solo memoria y pálpito. A veces, viento. Ese *Siroco* suyo al que, como decía el poeta Félix Grande, se entra con un alma y se sale con otra «más compasiva, bondadosa y fuerte».

Cuando pienso en la infancia de mi madre, la primera imagen que me viene a la cabeza es una azotea en Tetuán. Como sus padres estaban muy ocupados con las tareas de representación que exigía el cargo de mi abuelo, que era alto comisario de España en Marruecos, ella se pasaba la mayor parte del tiempo con Rufina, su niñera, o sola. Tenía un burro, un mono, un león y aquella azotea, frontera encantada entre el Marruecos colonial y la medina. Encaramarse a la barandilla era asomarse a una abreviatura del mundo: campesinos vendiendo verdura, la gata preñada que rebusca en la basura, el puesto de alfombras, el pollo al que le rebanan el cuello, las calles sinuosas, la plata, los niños corriendo, los sacos de especias, las chilabas, esa mezcla de olor a cuero, cordero y menta… Siempre he pensado que existe cierta similitud entre el carácter de las personas y los paisajes de su niñez, una misteriosa analogía entre la naturaleza de dentro y la de fuera. Mi madre es tan fascinante y laberíntica como un zoco. Penumbra y claro, pasadizo y puerta, ruinas y esplendor. Cada vez que cuenta algo, da igual que hable de su domingo en el cementerio o de las noches en el Irán del sah: la historia está tan viva y tiene tanta sensorialidad como aquel mundo remoto a los pies de su azotea. Estoy segura de que su extraordinaria intuición sobre la naturaleza humana nace también de ahí, de tanta infancia observando vidas. Una tarde. Dos cafés. Es todo lo que necesita para detectar cada grieta de la persona que tiene delante, su sentido de culpa, lo que soñó con ser y no fue, si es generosa o mezquina o una impostora, o si le duele la niñez. Ahora vuelve a vivir sola. Sigue riéndose como una niña. Y no necesita nada más que lo que necesitó entonces: flores, animales, libros y, de vez en cuando, alguien a quien observar.

Decía el dramaturgo noruego Henrik Ibsen que los hombres más fuertes son los que más soledad son capaces de soportar. Crecí a los pies de esa premisa, glorificándola. Sin embargo, cuando me llegó el turno, cuando abrí por primera vez la puerta del apartamento que alquilé para mis semanas sin niños, sentí como si acabaran de empujarme al vacío. El mismo pánico. El mismo estupor. Han pasado seis años desde entonces y todavía hoy, cuando tengo que enfrentarme a más días sola de los que estoy acostumbrada, hay vértigo en el umbral. Una inquietud parecida a la que sentía de niña cuando estaba a punto de entrar en una habitación a oscuras y sabía, aunque no le pusiera nombre, que la única victoria posible contra un fantasma era que no hubiera fantasma (estar muerto da una ventaja definitiva en cualquier combate).

La transformación interna —el desplazamiento de lo que nos importa, nos conmueve o nos asusta— es un proceso tan lento e imperceptible como el de las placas tectónicas. Un buen día, eres casi otro. No sé cuándo ni por qué pasé de concebir la soledad como algo natural, incluso deseable, a taparme la cara con las manos cuando la tenía delante. Lo curioso es que, al tratar de desenredar la madeja, descubrí, otra vez, que mi historia no tenía nada de inédito, que no era más que la réplica microscópica de un seísmo universal: en la historia, la soledad también ha pasado de bendición a castigo. Durante miles de años no fue nada malo. Para los antiguos estaba asociada al ascetismo y al crecimiento espiritual, y más tarde, sobre todo en la Ilustración, fue la indumentaria de los espíritus cultos y elevados. Así lo cuenta Fay Bound Alberti en la interesantísima *Una biografía de la soledad*. Según la autora, hasta el siglo XVIII no existió en la literatura ninguna connotación negativa asociada a la soledad, y lo ilustra con un ejemplo muy gráfico: la comparación entre el Robinson Crusoe de Daniel Defoe, quien en ningún momento se siente solo, y el náufrago de Robert Zemeckis, para quien el aislamiento resulta tan insoportable que llega a pintarle una cara a una pelota de voleibol, a la que bautiza como Wilson en un ilusorio y desesperado anhelo de alguien más. «Para los espectadores modernos —dice la autora—, este desarrollo de la trama tiene mucho más sentido: conecta con una necesidad innata de compañía y con la creencia de que el aislamiento tiene un impacto devastador en la salud mental de las personas».

De pronto la soledad fue otra. Un estado alienante que, además, genera vergüenza a quien lo padece porque de alguna manera está vinculado al fracaso. Un estado que acelera la enfermedad e incluso la muerte. Los datos están ahí. En algunos sitios de Europa y Estados Unidos el porcentaje de gente que lamenta sentirse sola alcanza el 50 por ciento. En Reino Unido, para muchos la nación europea de la soledad, el problema es de tal dimensión que en 2018 crearon el Ministerio de la Soledad. Son varios los estudios que vinculan el aislamiento con toda

clase de problemas sanitarios y, en consecuencia, económicos.*
«Es la lepra del siglo XXI», publicó *The Economist* en su cuenta
de Twitter en el año 2001.

Faltaban casi veinte años para que el covid entrase en erupción. La enumeración de cifras y titulares sobre esta forma de pandemia podría prolongarse hasta el final de este ensayo. No creo que haga falta. Basta con elevarse sobre las calles de cualquier gran ciudad y prestar atención. Fijarse en la mirada triste de los ancianos del parque, en la comunión de los adolescentes con sus pantallas, en quienes aceleran el paso cuando alguien se acerca demasiado, en la vacilación de quien pide un filete —«sí, solo uno»— en la carnicería, en las siluetas impares tras las ventanas anaranjadas de las noches de invierno o en el rumor del televisor de los miles de vecinos jamás interrumpido por una conversación. Y luego están las soledades que no se ven: la que tortura de puertas adentro al chaval que está de cañas con sus amigos en una terraza al sol o a la madre joven empujando el carrito de su bebé. También al líder del partido político que vuelve a su despacho tras el discurso televisado de la derrota.

El diagnóstico está claro: hay una muchedumbre ahí fuera que agoniza de soledad. ¿Qué ha pasado?, ¿en qué momento volaron por los aires nuestros vasos comunicantes?, ¿cuáles han sido las mareas sociológicas que han hecho de la soledad una metástasis? Hay quienes opinan que es culpa del individualismo

* Según se indica en un informe de 2023 de la Fundación ONCE en colaboración con Nextdoor, la soledad nos cuesta más de catorce mil millones de euros al año entre consultas médicas, consumo de fármacos, reducción de la productividad y muertes prematuras.

capitalista, pero luego surgen voces, como la de la filósofa neerlandesa Marjan Bouwmeester, que en su ensayo *El cielo vacío* cita un estudio según el cual, en Europa, las autoevaluaciones más positivas respecto a la soledad se dan en los países escandinavos, de tradición más individualista, mientras que los europeos del Este, que se criaron colectivamente, afirman sentirse más solos.

No hay consenso tampoco sobre el impacto de las nuevas tecnologías en la sensación de soledad. Contra el griterío sobre sus efectos adversos está el hecho incontestable de que ofrecen una forma de comunicación, aunque sea incompleta, para mucha gente, sobre todo mayor, que viviría mucho más aislada sin ellas. Quizá, como afirma el estadounidense Robert Weiss, uno de los mayores investigadores sobre la soledad, todo esto solo sea una manifestación más de la tendencia occidental a patologizar los problemas de la vida.

La pérdida de trascendencia también tendría algo que ver. «Nuestras lágrimas obedecen al ensordecedor silencio de Dios», dice la escritora marroquí Leïla Slimani en *El perfume de las flores de noche*.

Apuntaba antes, al principio de esta introducción, que solo se domina lo que se entiende. El problema con la soledad es que, como concepto, es un enigma. Si la tratamos como emoción y no como coyuntura —parece lo más lógico teniendo en cuenta que hay gente acompañada que se siente sola y gente aislada que no—, nos daremos cuenta de que, a diferencia del resto de las emociones, cambia todo el tiempo de color. La ira, la alegría o la tristeza tienen una sintomatología común. Pueden variar en intensidad o respuesta, pero, si nos pidiesen evaluarlas en positivo o en negativo, habría consenso. Sin embargo, la soledad se comporta de forma distinta en cada organismo. El existencialista alemán Paul Tillich decía que hay una soledad —*solitude*—

que expresa la gloria de estar solo, mientras que hay otra —*loneliness*— que expresa el dolor de estar solo. Hay soledades, incluso extremas —como la del monje Ahwang Pincuo, que vive solo en un templo del Tíbet en medio del lago Yamdrok, a ciento sesenta kilómetros de la civilización— que, en lugar de pesar, acompañan. «Estaría más sola sin mi soledad», escribió Emily Dickinson. Sin embargo, hay otras tan dolorosas y paralizantes que un equipo de neurocientíficos de la Universidad de Chicago trabaja en un fármaco desde 2017 para aliviarlas.

Es precisamente eso, el hecho de que no sea una emoción uniforme, lo que hace tan difícil abordarla. Como las aguas poco profundas, se tiñe del color del fondo. Igual que con el arte, su impacto depende de la sensibilidad de quien la recibe. Quizá esta característica común es lo que explica que exista más soledad en cualquier cuadro de Hopper, en el *adagio* del *Concierto de Aranjuez* o en el poema «París, octubre 1936» de César Vallejo que en las definiciones y los manuales de los mejores psiquiatras del mundo.

Recuerdo una conversación con mi padre por teléfono un par de años antes de su muerte. Era la hora del desayuno y yo tomaba café junto a una ventana que se iluminaba por las mañanas —se me entremezclan las palabras de ese día con la luz blanca y difusa del este—. Llevábamos un rato hablando y habíamos avanzado ya hasta donde cubre el mar. Me contó que lo que más feliz le hacía en ese momento de su vida era encontrar una frase, en un libro o en un disco, que le emocionara. Eso y componer. Se quedó en silencio —yo le prestaba atención hasta callado— y al final dijo: «La vida está mal planteada. Cuando hay que trabajar es de mayor. De joven está uno lleno de estímulos, de ganas de divertirse, de ligar, de viajar. Es a mi edad cuando más se necesita un propósito. Te salva de tantas cosas».

Propósito.

Tengo un amigo con unas manos preciosas, masculinas y femeninas a la vez, que se pasó cuatro años tumbado en la cama de su cuarto mirando al techo. Cuando, mucho tiempo después, decidió hablarme de su depresión, dijo algo que se me quedó grabado: «Estaba todo el día medio dormido, pero cada vez que salía del letargo, veía delante de mí una carretera que se prolongaba hasta el infinito. No había destino».

Propósito.

Mientras anticipaba el viaje que hice sola después de separarme, había una imagen de mi sórdida colección que me espantaba casi más que la de la enfermedad: visualizarme a mí misma caminando a la deriva.

A lo largo de estos años leyendo y reflexionando sobre la soledad (y, sobre todo, tratando de encontrar el denominador común de todas las soledades apacibles que conozco), esto es quizá lo más incontestable que he encontrado: si hay propósito, no hay soledad. Al menos, no hay soledad de la que duele, de la que postra, de la que mata. La naturaleza del objetivo no importa. Da igual que sea plantar un jardín, aprobar unas oposiciones o ajustar cuentas con quien no creyó en ti. Si fijas la mirada en un punto y no lo pierdes de vista, el horizonte te sostiene.

Durante el periodo de la historia en que la soledad no fue un problema, existían dos propósitos clarísimos: sobrevivir y trascender. Si me sentí caer al vacío la primera vez que entré en mi piso de soltera fue porque el gran propósito de los últimos diez años habían sido mis hijos. Sus ruidos, sus olores, su confusión, su risa y su porvenir habían desplazado a la periferia todo lo demás. El centro de gravedad, hasta entonces instalado en mi ombligo —seducir, salvar y ser salvada—, pasó a estar en ellos.

Y de un día para otro, zas. Una semana de cada dos, quince días al mes, la mitad de la vida.

Pasó el tiempo, pasaron los meses y los años. Los niños crecieron y dejaron de llorar en el umbral de la puerta cuando yo salía con la maleta. Se estableció entre nosotros una relación mágica: del mismo modo que, si falta un sentido, los otros se agudizan, cuando falta un miembro en la convivencia, se intensifica el vínculo entre los demás. Entonces, cuando estábamos juntos, era yo entera para ellos. Mi cabeza, mi atención, mis caricias y mi cama estaban solo a su disposición. Como los amores a distancia, vivíamos —aún lo hacemos— en la deliciosa fiebre del reencuentro.

En los días sin ellos fui llenando mi vida de propósitos nuevos. Volví a escribir. Creé la fundación de mi padre. Hice algunos de los mejores viajes de mi vida y recuperé mi antigua manera de relacionarme con mis amigos, con esa intimidad y esa entrega que solo existe cuando eres tú entera, sin mitades, sin fragmentar. Aprendí a cogerle el gusto a ir a los sitios sin tener que traducirle nada a nadie, sin estar nerviosa por si él se aburría. Por si a ellos les aburría él. Recordé lo que me gustaba a mí antes de que los gustos de todos ellos se pusieran por delante. La aventura. Improvisar. Los sofás rosas.

Volví a sentir varias veces algo parecido al amor y, al final, me enamoré. Desde la libertad esta vez de tener los deberes ya hechos.

Seguí teniendo días tristes, momentos en los que pensaba con melancolía en lo bonito que hubiera sido el para toda la vida, el no tener que irme los lunes, el sonreírse como se sonríen a veces las parejas con hijos, con esa complicidad antigua, ese idioma privado de quienes llevan muchos años empujando juntos el mismo carro. Pero entonces me acordaba de que también antes, en la vida anterior, había días tristes. La vida siempre vuelve a una especie de estado de reposo, y los días buenos y los malos acaban siendo más o menos los mismos sola que acompañada. Lo que cambian son las razones.

Hace tres años me mudé a una casa en el centro que tenía algo de barco y desde la que no se veía pasar a las madres con sus niños a la salida del colegio. Un domingo de finales de primavera, ya curada del todo, me desperté sin nada que hacer. Preparé café. Volví con él a la cama y leí de un tirón *La vida pasajera*, de Christian Bobin. Subrayé muchas frases. Esta, por ejemplo: «Ningún libro debería ser más pesado que la luz. Ninguna escritura debería hacer más ruido que una sonrisa». Al terminar salí a la terraza con esa especie de apetito de vida pequeña que siempre me dejan sus textos. Las plantas resplandecían. Las regué. Después puse música, me duché con la manguera —agua caliente al principio, helada después— y me tumbé en el viejo sofá de fuera, envuelta en el olor de la tierra mojada. El sol fue secándome el cuerpo y, de pronto, me di cuenta de que el aire, el silencio y el domingo habían dejado de pesar, de que todo era ligereza. Me di cuenta también de que estaba llorando. De alivio, de reencuentro, de gratitud.

«Ojalá pudiera captar la sensación: la sensación de cómo canta el mundo real cuando la soledad y el silencio nos apartan del mundo habitable», escribe Virginia Woolf. Cada vez que leo esta frase vuelvo a aquella mañana.

La historia de este libro es la de todo lo que he aprendido a lo largo de estos años sobre la soledad: la mía y la de los demás. Pero es, sobre todo, la historia de mi reconciliación con ella. Sé que es una soledad sana, joven y, a fin de cuentas, esporádica. Que no puede compararse con ciertas formas de aislamiento tan terribles que no permiten entrar un rayo de luz. Porque creo que este viaje hacia ese tolerar la ausencia del que habla Bouwmeester, ese «convivir con el silencio hasta que sientes un profundo vínculo con la existencia en todo su esplendor», es un viaje que merece la pena ser contado.

La mitad del silencio

> Hay individuos que no tienen silencio y matan
> el silencio en torno suyo, y estos son los únicos
> seres que pasan verdaderamente inadvertidos.

Maurice Maeterlinck

Durante un tiempo, el primer capítulo de este libro trató sobre el miedo. Me parecía lo más lógico, puesto que es lo primero que sentí al quedarme sola. Miedo. A no poder, a no saber; a la compasión y al ridículo, a que mis hijos empezaran a necesitarme menos y yo a necesitarlos más. Miedo a los domingos y a los agostos. A la víspera de Reyes. Miedo a convertirme en una yo menos viva, más rígida y con la risa llena de polvo. O peor aún, en una yo de las que bailan en las discotecas con el rímel corrido y la desesperación subida al escote. Lo que sobre todo me daba miedo, un miedo atroz, era quedarme instalada para siempre en ese estado de frágil transparencia en que lo bueno y lo malo pasaban a través de mí como un batallón de perros furiosos.

Escribí páginas y páginas sobre el miedo. Cambiando el enfoque, volviéndolo fábula, pasando del realismo al impresionismo, apenas manchas. Pero nada terminaba de gustarme. Cada vez que lo releía notaba una resistencia, el caballo deteniéndose en seco en un punto del camino sin que hubiera manera de hacerlo avanzar.

Decía Virginia Woolf que, al empezar a escribir una novela, lo más importante no es tanto sentir que puedes escribirla como saber que existe algo al otro lado de un abismo que las palabras no consiguen cruzar. Yo no estaba escribiendo una novela y, muy a mi pesar, no soy Virginia Woolf. Pero sí había en mi cabeza una imprecisión al otro lado del mar. Una ciudad hecha de niebla; un hermoso perfil dibujándose a medias. Blanca, inabordable. Si tardé tanto en hacerla mía es porque estaba buscando mal. En la otra orilla no había palabras sino música. Una melodía a veces honda, a veces leve, como las *Gymnopédies* de Satie, pero menos triste. Música que era al mismo tiempo soledad y consuelo, y que explicaba mucho mejor que las palabras lo que yo sentía por dentro al pensar la soledad. Al mirarla de lejos —sin distancia no se cierra nunca un sentimiento—, ya no me asustaba. Por eso el caballo se detenía a mitad de camino cuando hablaba del miedo: ahí no había verdad. El día en que me senté a escribir este libro, la soledad ya no me asustaba. No me recorría esa descarga fría que noto en la gente cuando en una cena cuento el tema de este libro. Sin darse cuenta, hacen un ademán casi imperceptible de alejarse. Como si para la soledad, igual que para el pecado, bastase con la palabra.

¿Qué era lo que yo sentía entonces al pensarla? Una caricia. Eso era. Una mano templada haciendo un dibujo en mi espalda. Y como aquella sensación no venía de la mente sino de la piel, necesitaba la música, su vibración, su cadencia. La universalidad de su idioma. Hay cosas que solo ella puede explicar. Solo un *adagio* puede meternos en un duelo, en la súplica del maestro Rodrigo aquella noche por los jardines de Aranjuez con su hijo recién muerto en el parto y su mujer apagándose también. Solo la música es capaz de convertirse en su dolor, en su angustia, en un por favor no te la lleves a ella también.

Para mi desgracia, a pesar de haber descubierto aquello —que debía escribir como si tocara—, no logré dar con un principio a la altura. Salvo en el amor, ¡qué difíciles son los principios! Cuando se escribe, la libertad de la primera línea es abrumadora: alarga la mano y elige una frase, solo una, de la fila de estantes que contiene lo infinito. E intenta no comparar la mercancía con aquella tarde remota en que el padre de Aureliano Buendía lo llevó a conocer el hielo.

La clave me la dio Virginia Woolf, otra vez Virginia, con eso de que los libros no empiezan por una idea, sino por un ritmo. Tenía que encontrar mi ritmo. Aún no lo tenía.

Entonces, a principios de agosto de 2024, sentada en un avión rumbo a Colombo, tuve una revelación. Sucede así cuando se escriben textos largos: un buen día emerge un cuerpo del fondo del mar. Habían pasado siete años desde la gran epifanía de Bali. Otra vez volaba a Asia y otra vez iba sola, salvo que en esta ocasión ni el destino ni la soledad entraban en el plan original. El verano previsto era en Francia: la isla de Ré, sus nubes oscuras, los faros, el vino blanco y los transeúntes altivos. El verano previsto era con él, la gran historia de amor de la segunda mitad de mi vida. Hacer el amor con las sábanas en el suelo, jugar al futuro, crearnos inseguridades y después, al caer el sol, lamernos las heridas con las ventanas abiertas y la boca llena de sal. Pero, pocos días antes del viaje, el plan saltó por los aires. Mentira. No saltó. No hubo detonación. Fue un final lento y viscoso, un caramelo deshaciéndose al sol. En cualquier caso, da igual el verbo que use. En las cumbres del dolor y de la belleza las palabras son solo harapos: siempre dejan medio cuerpo fuera. La tristeza de aquel final fue una de esas cosas para las que no hay nombre. No solo se acababa una historia; terminaba una manera de entender el amor. La original, la primera, la de la pureza y los valientes, la de la ensoñación, las bocas llenas y el levantarse del suelo con los brazos en jarras para plantarle cara a la muerte. Él había resucitado esa manera de querer y él la mató por última vez. Tenía la certeza, en ese lugar del cuerpo en el que se saben las cosas definitivas, de que a partir de entonces el amor sería otra cosa, una costumbre hermosa, quizá. Traería paz, luz de otoño, un dulce faenar. Pero qué difícil convertir en oficio lo que una vez fue milagro.

Rompimos por teléfono el 22 de julio, una noche de mucho calor y muchas moscas. La conversación avanzaba, las casas se derrumbaban y, al fondo, discreto y penetrante como el humo del café, eso que decía Sartre sobre el amor y el abismo: «Lo sé, sé que nunca más encontraré nada ni a nadie que me inspire pasión. Tú sabes que ponerse a querer a alguien es una hazaña. Se necesita energía, generosidad, ceguera… Hasta hay un momento, al principio mismo, en que es preciso saltar a un precipicio; si uno reflexiona, no lo hace. Sé que nunca más saltaré».

Salté en dirección opuesta. Busqué en Google los datos de ese sitio en Sri Lanka del que llevaba años oyendo hablar y al que, por distintas razones, nunca había podido ir. Llamé. Tenían habitación. Sin aire acondicionado, eso sí, pero la voz sedosa del otro lado del mundo me aseguró que no hacía falta, que era temporada de lluvias, que con el tratamiento no se recomendaba, que todos los cuartos tenían *a big balcony*. Busqué entonces vuelos a Colombo y encontré uno barato con escala en Estambul. Mientras anotaba los datos, me equivocaba, borraba y volvía a escribir, escuchaba la voz de mi amiga Violeta en segundo plano, como una televisión encendida en el cuarto de al lado: «Nunca he dormido mejor en la vida que allí —suspiraba, y el aire que subía de su boca le agitaba un poco el flequillo—, no sé explicarte qué tiene, pero es increíble. Eso sí, no esperes nada lujoso, ¿eh? Bueno, nada de lo que el mundo entiende por lujo». Un zumbido. No distinguí si eran las moscas o una interferencia de transición, porque justo después oí la voz de mi madre cuando me presentó en Fitur a un hombrecillo entusiasta con la raya en el pelo más perfecta que haya visto jamás: «Es agregado cultural en Ceilán. Qué nombre tan bonito para un país, ¿verdad? Ceiiilán. No se lo tendrían que haber cambiado —se lamentó, encantadora, y añadió—: Estoy loca por ir. A Sigiriya. Está en el centro del país, ¿verdad? Siempre le digo a Paco que nuestras seguiriyas tienen que venir de ahí». El hombrecillo asintió extasiado. «No sé de qué hablábamos, solo sé que estábamos hablando», me dijo el otro día mi hijo Pipe después de entablar conversación por primera vez con la chica que le gusta. Al agregado cultural debió de pasarle lo mismo, porque le brillaban los ojos como pianos de cola. Volví a oír la voz de mi madre en el taxi de vuelta, con su mirada verde correteando unos metros por delante, como siempre que hace memoria: «Cuando era niña me regalaron unos cromos de países con ilustraciones preciosas. Mi favorito era Ceilán. Lo buscaba todo el tiempo entre el montón y trazaba los dibujos con el dedo. Ceiiilán… Qué nombre tan bonito, ¿verdad? No se lo tendrían que haber cambiado».

Eso era todo lo que sabía del antiguo Ceilán cuando decidí comprar el billete. No sabía nada del tren azul, ni de los lagos con nenúfares, ni de la muralla colonial de Galle. No sabía, porque no podía saberlo, que mi noción del lujo quedaría reescrita para siempre tras mi paso por ese lugar enigmático, austero, casi soviético, que se levanta en lo alto de una colina y moja los pies en el Índico. Desde entonces, cuando alguien regresa de un viaje hablando del «paraíso», me vienen a la cabeza las sábanas suaves y frescas de aquella cama con dosel o la brisa que agita las cortinas al amanecer, cuando empiezan a cantar los pájaros y el revuelo de los monos en las copas de los árboles suena igual que el runrún de un artesano trabajando la madera. Mientras fulanito y su mujer me cuentan lo bonito que era su hotel, la memoria de mis pies recorre de nuevo esos pasillos de temperatura perfecta que suben y bajan sin ton ni son, como en el laberinto de Bowie. Escucho sin oír y viajo otra vez hasta allí, hasta el chico vestido de blanco que cada tarde, al anochecer, en ese instante exacto en el que las sombras solitarias de todas las cosas se vierten en una sola oscuridad, enciende las velas que trazan la silueta del hotel. Entonces el cielo se vuelca hacia abajo, la tierra es firmamento también, y el chico de blanco desaparece disuelto en la estela de fuegos minúsculos que chispean, como burbujas de champán, a ambos lados de la noche.

Pero aún quedaba mucho para aquel futuro. De momento seguía en Cádiz, con la noche deshaciéndose fuera, el ruido de las moscas amainando y mi rendido caminar hacia el sueño. Primer paso: te irás y escribirás sin parar, eufórica de lejanía, humedad y bruma colonial. Un paso más: encontrarás el hilo conductor de todas las formas de soledad que has ido guardando dentro. Otro paso, tercero ya: ¿y si utilizas el hotel como columna vertebral de la narración? Estará lleno de gente sola. Tú misma estarás sola. Además, le metes un toque exótico para rebajar la intensidad. Hablas un poco del ayurveda, que interesa incluso a los escépticos. ¿No ves que todo el mundo está obsesionado con vivir más, con ser más y más joven, con encontrar algo, lo que sea, que le sirva para sustituir a Dios? Cuarto paso, cada vez más cerca: puedes incluso dejar de fumar. Es el momento perfecto: te servirá para engañar los vacíos. Se parecen, ya lo sabes. Con el quinto paso había llegado más o menos a ese momento en que la anestesia hace efecto: el silencio se me coló por los pies y subió por mi cuerpo, acabando en su camino con las moscas y las dudas. La oscuridad se cernió sobre mí como una noche antigua y terminó de llevárselo todo mientras me sumergía con dulzura en las aguas negras y sensuales del volver a empezar.

Así que allí estaba, en un avión con los reposabrazos algo pelados y un tufillo raro, algo vago que se enredaba en el olor a concesionario de los aviones. Me pregunté si sería queroseno, si el queroseno olía como la gasolina y, por último, si estaba ante el primer indicio de una tragedia que abriría los telediarios esa noche. Durante un rato creí que mi inquietud era por eso: avión viejo, motor estropeado, miedo a morir; pero, cuando llevaba ya un rato con aquel nerviosismo eléctrico, pensé que a lo mejor era hambre —mi temor a la muerte es aún corto y agudo, no dura tanto—. Las azafatas habían empezado a avanzar por el pasillo con los carritos de la comida, olía a caliente y a mí, por extraño que parezca, me gusta comer en los aviones. Me da paz. Es todo tan previsible y delimitado: la mantequilla dura, los cubiertos de plástico, el *chicken or pasta*... Pero resultó que tampoco era eso. Después de acabar hasta con la última miga de pan de la bandeja, la inquietud, como el dinosaurio del cuento de Monterroso, aún seguía ahí. Un cosquilleo masivo, deslocalizado, linfático. Saqué el cuaderno y me puse a escribir. Como aquella vez en el otro avión, solo que ahora a mano. Escribo así cuando quiero descubrir cosas. La letra manuscrita se enmaraña, hace formas extrañas y a veces, al releer días después lo que escribí, entiendo algo diferente a la idea original, algo que es más preciso o sugerente, o que me lleva a un lugar más interesante. Inmensa en lugar de intensa, perversa en vez de perfecta.

Más allá de los hallazgos místico-accidentales, existe una íntima relación entre escribir a mano y el inconsciente. La escritura automática lleva décadas señalando la relación entre la mecánica de la mano cuando se mueve sobre el papel y el acceso a ciertos territorios inexplorados del cerebro. En *La mujer temblorosa*, Siri Hustvedt cuenta el caso de un chico, Neil, que tras someterse a radioterapia para combatir un tumor cerebral perdió, entre otras facultades, la capacidad de recordar. Cuando le preguntaba algo a su profesora y esta le respondía, él ya había olvidado lo que había preguntado. Lo asombroso era que, cuando escribía, sí recordaba las cosas. Si su madre le ponía delante un cuaderno y le preguntaba qué había hecho ese día en el colegio, él anotaba: he visto la película *Mi pie izquierdo*, he tenido clase de Geografía… Al terminar, su madre le preguntaba: «¿Qué tal la película?». Y él contestaba: «¿Qué película?». Nadie encontró, ni ha encontrado, una explicación concluyente para este fenómeno.

Tampoco los escritores son capaces de explicar la razón por la que, una mañana cualquiera, están escribiendo y en un momento dado la mano empieza a ir más rápido que ellos mismos, a adelantarse al pensamiento, a la organización, a la voluntad. No saben explicar por qué de esa forma de escritura irreflexiva surgen los textos más inspirados, esas intuiciones medio divinas en las que aparece algo que no estaba previsto pero que era exactamente lo que tenía que estar. Escribir es, como dijo

Pablo d'Ors en la presentación de uno de sus libros, un trabajo manual.

«A mi izquierda, en la ventanilla, el antipático de mi vecino —anoto rápido en el cuaderno—. Anguloso, alto y descolorido. Tiene una barba incipiente y difusa que, a contraluz, parece de nailon. Diría que es un hombre de ciencias. Taciturno. Poco después de despegar se ha encerrado en la capucha de su sudadera y no ha vuelto a salir. Diría también que no sabe manejarse en la ligereza».

Sigo con el niño de delante, que tiene el envés de la oreja más rojo de la historia de las orejas. Juega con el móvil de su madre y, cada vez que gana, el rojo sanguíneo le sube dos tonos más. Temo que explote y me salpique la cara.

Dos filas más allá, en mi perpendicular, hay una pareja de ancianos con el pelo idéntico: dos escarolas de humo. Al llegar, se ayudaron con ternura a quitarse las mochilas, pero desde entonces no han vuelto a dirigirse la palabra ni a tocarse ni a dar señales de ningún tipo de intimidad. Como si en esa hora y pico hubieran rebobinado hasta el día en que se conocieron para decidir no hacerlo y cambiar desde allí el curso de su historia. Mi mano sigue. La mujer del velo negro y los cascos. El señor gordito que parece uno de esos niños que comían mermelada en las películas americanas, pero trasplantado súbitamente de edad. Me detengo al final, en una chica con huesos de pájaro que lleva chateando desde que despegamos. Debe de haber pagado el wifi. No es guapa, pero se ilumina con cada respuesta, así que supongo que conversa con alguien que le gusta. Entonces, sin pensarlo siquiera, mi mano escribe un diálogo que leí en su día en *El cielo vacío*, de Marjan Bouwmeester, y que tuve que buscar después para citar con exactitud. Se trata de una conversación entre dos estudiantes de secundaria, publicada originalmente en un periódico neerlandés:

Fu Han: Lo que más odio de una conversación real son los silencios.

Zefanya: Sí, los silencios son muy desagradables.

Fu Han: También hay silencios en las redes sociales, pero, si te desconectas, todo el mundo sabe que no quieres hablar. Además, tienes más tiempo para pensar cómo responder. Es menos incómodo que en la vida real.

Ajá. Lo cacé. Eso es lo que lleva inquietándome todo el viaje: el silencio. Esa asombrosa masa de silencio. ¿Cómo es posible que en un avión de semejantes dimensiones no se oiga nada por encima de las tripas del motor? ¿Que, salvo las irrupciones puntuales de la azafata —el cinturón, las turbulencias—, no se oiga una sola voz? ¿Que no hable nadie? Ni los niños. Ni los amantes. Ni siquiera los españoles.

Oigo a la locutora que llevo dentro: «Buenas tardes —dice—. Interrumpimos la emisión para contarles que los 278 pasajeros del Airbus 811 que salió hace apenas una hora de Madrid con destino Estambul y que en estos momentos está sobrevolando el tacón de Italia han quedado atrapados en ámbar».

No me sorprende tanto que el mundo haya dejado de hablar como no haber detectado cuándo lo ha hecho. Me acuerdo de un vuelo con mi amiga Marta a la República Dominicana en primero de carrera. Habíamos reservado los asientos de atrás porque era el único lugar donde se podía fumar. La cola del avión parecía un garito: tertulias junto al baño, «cámbiame un rato, anda, estoy en el 17 C», jolgorio y gritos de montaña rusa con cada turbulencia. El oleaje de lo humano, de la vida.

Fue antes de los iPhones, los auriculares, las tabletas, Instagram, Google y Netflix. Cuando el ruido todavía circulaba fuera, como un animal suelto, y el silencio estaba donde había estado siempre: intramuros. Entonces uno y otro intercambiaron su hábitat natural. El mundo se convirtió en una cuadrícula de compartimentos estancos y el ruido quedó encapsulado dentro de cada celda. El avión, como tantos otros lugares, dejó de ser una plaza pública y se convirtió en un hangar refrigerado. Filas y filas de cuerpos quietos, ojos clavados en una pantalla, respiraciones pequeñas, auriculares, microclimas y, fuera de cada silueta, un silencio brillante y duro como una carcasa.

Recuerdo que, cuando estudiaba en Suiza, le pregunté a una profesora francesa, muy del 68 y bastante polémica, si en ese país no había mendigos. Me contestó que sí, claro, pero que los escondían, que los tenían encerrados para que nadie los viera.

Con el ruido ha pasado lo mismo: lo hemos confinado. Cuando dejamos de considerarlo embajador del progreso —desde la Revolución Industrial hasta ahora— y entramos en la última curva de la prosperidad, obsesionada con estirar como un chicle la vida y el bienestar —ya lo decía Nietzsche: cuando Dios desaparezca, lo sustituirá la salud—, el ruido dejó de tener gracia. No es que molestara, es que mataba.* Así que, como a los mendigos suizos, lo escondimos, lo metimos bajo la alfombra de lo íntimo. De la individualidad.

---

* Pedro Bravo explica en su ensayo *¡Silencio!*, un maravilloso manifiesto a favor de la quietud, cómo el ruido debilita el sistema inmunitario. Por cada decibelio que aumenta, sube en un 6,5 por ciento la mortalidad de los ancianos de más de sesenta y cinco años con patologías respiratorias y cardíacas previas, y en un 11 por ciento en los diabéticos.

Directivas europeas que regulan los decibelios, vagones de silencio, coches tan sigilosos que acabarán atropellándonos. Y en paralelo, un universo digital dispuesto a todo para mantenernos enganchados a su vorágine, para seguir haciéndonos creer que el ruido es conexión. «Son capaces de hacer cualquier cosa para que sigas leyendo titulares, pinchando enlaces, añadiendo favoritos, comentando posts, retuiteando artículos, buscando el gif perfecto para responder a un *hater* o el restaurante ideal para una primera cita, o escribiendo el *hashtag* exacto que defina la puesta de sol en la playa con tres daiquiris de fresa y cucharas verdes en forma de palmera», dice Marta Peirano en *El enemigo conoce el sistema*.

En aquel avión tan apacible y silencioso rugía, tras la pantalla de quietud, un sumatorio de ruidos que enmudecería a Bangalore en hora punta. Series, podcasts, música con Autotune, vídeos descargados, antiguos mensajes de voz. Lo que sea. Ruido. Un educadísimo estruendo privado. Un silencio público impecable.

En ese dilema eterno sobre qué cura más, qué eleva e ilumina más, si la palabra o el silencio —el catolicismo cree que la palabra, y el budismo, el silencio—, descubrí que, si tuviera que elegir, si tuviera que quedarme solo con una de las dos, elegiría el silencio.

Leí *Momo* cuando era una niña. Fue el libro que más me marcó en la infancia. Momo era una niña sin pasado que apareció un buen día en un pueblo bastante particular. Enseguida se convirtió en una figura clave de la comunidad porque escuchaba como nadie. Era lo único que hacía, escuchar. Y gracias a su atento silencio conseguía resolver las disputas entre los vecinos. Lograba incluso reconciliarlos consigo mismos. Entonces aparecieron en el pueblo los hombres grises, probablemente las criaturas más espeluznantes de toda la literatura infantil. Boinas grises, trajes grises, maletines grises y unos delgadísimos cigarrillos grises con los que se fumaban el tiempo de la gente. Me pasé toda la lectura preguntándome cómo se le podía robar el tiempo a la gente.

He tardado muchos años en entender que el único tiempo que no existe es el tiempo que no cuaja, el que no deja rastro ni en la carne ni en el alma. Todos esos segundos, minutos y horas que se disuelven en el mismo instante en el que suceden, como un corazón dibujado en el vaho de un cristal. Si perdemos el silencio, no solo perdemos la quietud, la capacidad de permanecer en una emoción o la maravillosa posibilidad de imaginar. Perdemos la memoria, que necesita del silencio para arraigar. El primer beso termina de existir en el taxi de vuelta a casa, con los reflejos naranjas de la ciudad por el rabillo del ojo. Sin silencio no hay memoria. Sin memoria no queda nada.

Dentro de un rato bajaré de este avión y correré hasta mi terminal. Llegaré a la siguiente puerta de embarque con los pulmones saliéndome por la boca y, como habrá retraso, me derrumbaré en la silla más solitaria que encuentre. Enseguida sacaré el teléfono del bolso para refugiarme dentro. Porque resulta que, además de vicio, también es refugio. Ahí dentro, en la pantalla, están las fotos con mis hijos, los mensajes de quienes me quieren y todo lo que se me ha ocurrido de madrugada estos últimos diez años. Hay también un Instagram hecho a mi medida que sabe que estoy buscando un sofá grande y que tengo el corazón roto. La aplicación sabe también que, cuando era adolescente y aún tenía pecas en la nariz, me sentaba en el bordillo de la acera a fantasear con qué estaría haciendo en ese momento el chico que me gustaba. Todo está a mi disposición; el ahora del que me gusta y del que no, el que admiro, el que desprecio y el que me hace reír. Miles y miles de vidas sucediendo en tiempo real. Fragmentarias y editadas como un desfile de carnaval, sí, pero da igual. Analgésicas. Anestésicas. Lo suficiente para que ni yo ni nadie protestemos por el retraso; para que no pueda fijarme en la abuela, la madre y la hija que hay sentadas frente a mí, las tres con velo, y me admire, de nuevo, con la dulzura árabe hacia los ancianos. Para que apenas le preste atención a esa mujer enigmática que se apoya en un bastón blanco con la empuñadura en forma de escarabajo.

De todas esas horas en la sala de embarque no quedará nada, porque, cuando no hay silencio —el silencio también es pausa—, no hay memoria. Y como decía Manuel Jabois en una entrevista para *Telva*: «Nunca recuerdo ser feliz, solo haberlo sido».

Tenía ya el móvil apagado cuando me subí al segundo avión. Por eso recuerdo el súbito arrebato de felicidad poco después de despegar. De pronto, todo eran fulgores, motas de plata, una mañana de primavera en el campo. La realidad entera empezó a girar en esa espiral de gozo: la luz, los pulmones, la impresionante vista de Estambul desde el cielo (quizá la más bonita del mundo). El mar Negro, oscuro; el Bósforo, con sus barcos diminutos e inmóviles, y, un poco más abajo, el mar de Mármara, más claro, con las islas Príncipe flotando como racimos de jardines en platitos de cristal.

Sí, todo me sonreía. El viaje estaba vencido. Pronto se haría de noche, dormiría y, al despertar, ya estaría en Sri Lanka. Lejos de todo, lejos de la pena. Escribiría. Y no echaría de menos fumar. Tampoco a él. Y respiraría el verde húmedo de la selva; nadaría, nadaría mucho, y volvería contenta, fuerte y entera. Al fondo de esa felicidad había algo más. Una especie de aprobación ajena. Como si quien sea que mueve los hilos estuviese de acuerdo en que era por allí, en que estaba llegando. Una sensación extraña. Y feliz.

En ese momento el avión vira y entra en una nube blanca, mullida y deliciosamente irreal. Debe de ser porque aún quedan restos del silencio en mi mente, o por el blanco, no lo sé, pero me viene a la cabeza el último silencio memorable de mi vida anterior. Un precioso silencio blanco antes del fundido a verde.

Por aquel entonces el silencio era deseo. Anhelo. El lugar al que salir a respirar. La vida llevaba años siendo rápida y ruidosa. El primer trabajo, la primera casa, el último novio. Luego, sin apenas pausa, la boda, mi hija Casilda, esa risa desdentada que ya iría siempre por delante de la mía. El segundo hijo, el tercero, el cuarto. Los gorjeos. Las urgencias. Los chats de padres. La entrega de la novela y la reforma del baño. La entonación de su vida. Una sucesión de comienzos y nudos sin desenlaces. Y el silencio cada vez más lejos; una figura borrosa al fondo de una estación.

En medio de aquella vorágine, me enviaron a Nueva York con *Telva* para entrevistar a Scarlett Johansson. Era marzo. No había nieve ya y, sin embargo, todo fue blanco: el cielo, la cama del hotel, las gaviotas del puerto, incluso la voz de la actriz, espuma de una ola a punto de romper. Caminé durante horas por Manhattan, sola, sin rumbo. Disuelta en su caudal febril y sumida, aunque suene extraño, en un silencio que solo existió para mí y que fue, como decía antes, mi último silencio cómplice.

Poco después me separé.

He hablado ya del pequeño apartamento que alquilé entonces para mis semanas de soltera. Tenía un sofá rosa y un ventanal contra el que llovía de una forma preciosa. El primer día que entré para quedarme me senté en el suelo de espaldas al cristal. Y escuché. Escuché el ronroneo de los electrodomésticos, el tráfico en la calle, los niños jugando en el parque. Pero, por encima de todo eso, lo que escuché fue el silencio de mi propia vida. Y lo odié. Era un silencio vacío.

Me pasé meses odiándolo. Odiaba sobre todo el silencio de las tardes. La mañana es luminosa, sensual, prometedora. Funciona sola, como una caja de música a la que acaban de darle cuerda. De noche da un poco igual: ahí estamos siempre solos. Dormir es privativo; el insomnio también. La tarde, en cambio, es cruel. Hay un momento en el que la luz empieza a marchitarse y amaina el remolino de fuerzas en el que chocan los dos tramos del día. En ese instante el aire se queda tan quieto que suena a muerte.

Los fines de semana, al despertar de la siesta, la periferia del sofá era un precipicio. Al fondo, golpeando contra las rocas, estaban las voces de mis hijos. El estrépito de su existencia. Sus pisadas por el pasillo, tan parecidas al sonido de la lluvia cuando empieza a repiquetear sobre el cristal. Escapaba de esa ausencia con lo que fuese. Instagram; una serie que no veía; salir a beber, a fumar, a reírme, a deshacer la vida hasta cualquier casilla previa. Como dijo Ralph Waldo Emerson, cuando patinamos sobre hielo quebradizo, nuestra seguridad depende de la velocidad. Me otorgaba licencia para el descontrol porque sabía que era pendular. El lunes siguiente volvería a tomar tierra. Me reencontraría con mi yo de la responsabilidad, los deberes de lengua, las cabañas en El Pardo y las tardes sin nostalgia. Y así era. Cuando volvía a la casa en la que vivían los niños, los demonios se quedaban fuera, esperándome en el patio de entrada de aquel adosado con luz de norte y baños sin ventanas en el que mis hijos, alrededor de una mesa redonda de madera, fueron celebrando los cumpleaños definitivos de su niñez.

Entonces, un mes de mayo del que no recuerdo más que el nombre, me fui a Bali. Llegué a Canggu, un pueblo de surferos y arena negra al suroeste de la isla, sin haber decidido dónde quedarme. Lorena, una chica a la que había conocido en una fiesta muchos años antes y que ahora vivía allí, me escribió por Instagram y, después de preguntarme «¿Qué has venido a buscar?», me recomendó un sitio. Era un hotel de cabañas toscas, construidas con madera local. Tenía una piscina de agua salada y campanas de viento colgadas de los árboles. La electricidad era caprichosa, y por las mañanas, al amanecer, el sol dibujaba una esterilla de luz en el suelo de la cabaña, junto a la cama.

En un claro de la jungla que hacía de jardín, había una palapa de chamizo y madera, algo elevada, donde se meditaba dos veces al día, al amanecer y al atardecer. Pensé que era un buen momento para aprender.

Guiaba las meditaciones un inglés muy alto que había vivido veinte años en India. El primer día dijo una frase que me impactó: «La mente controla al cuerpo; la respiración controla a la mente». Tenía una técnica muy simple. Dividía el tiempo en cuatro intervalos. En el primero se cuenta antes de inhalar, en el segundo se exhala, en el tercero se respira solo por la nariz y el cuarto es de respiración libre.

Resulta difícil explicar el horror que me producía, los primeros días, esa hora de silencio. No es que la mente se me fuera a otro sitio —con eso contaba—, lo espantoso era la sensación de amenaza, la orden interna de huir. Como si un enjambre de abejas diera vueltas a mi alrededor buscando una entrada. Lo intentaba: respirar, contar, inhalar, exhalar. Pero no podía dejar las manos y las piernas quietas. El inglés me decía: «No te preocupes. Deja pasar los pensamientos. No te vayas con ellos. Míralos desde atrás». Yo asentía, pero dentro seguía el forcejeo.

Por las noches me metía en la cama inquieta, desconcertada, sin entender en absoluto el porqué de aquel combate.

Uno de esos días me llamó ese amigo con el que me escribo a veces de madrugada, el mismo que me dijo, antes del viaje, que me subiera al avión y que después ya veríamos. Estuvimos hablando un rato de Bali (él también había estado allí en una época difícil de su vida). En un momento dado le conté lo que me estaba pasando, lo que me costaba entrar en el silencio. Él, que es músico, me relató entonces la historia de John Cage, un compositor que en los años cincuenta visitó una cámara anecoica en Harvard en busca del silencio perfecto. Esas cámaras están diseñadas para absorber el sonido y eliminar los ecos. Su intención, como digo, era escuchar al fin la nada, pero, al salir, le comentó sorprendido al ingeniero que en todo momento había oído dos sonidos: uno más agudo y otro más grave. El ingeniero le explicó algo que Cage repitió toda su vida: el sonido agudo era su sistema nervioso en funcionamiento, y el grave, su sangre circulando. «No le tengas miedo al silencio porque no existe —me avisó mi amigo—. La vida suena. Y no hablo del viento o de las tuberías de tu casa. Es otro sonido. Algo que viene de dentro. Vete mañana a bucear, verás como no existe ni siquiera bajo el mar».

Aquello no solucionó el problema, pero me relajó. No podía tenerle miedo a algo que no existía. Sin embargo, la pregunta seguía rondándome. ¿Por qué? ¿Por qué ese rechazo casi físico? Salvo desde que me separé, el silencio me había gustado siempre. Me gustaba de niña. Lo buscaba. Me gustaba de adolescente. Me gustaba de madre y me gustaba como mujer. Lo había usado muchas veces para seducir, para negarme, para ganar. También me gustaba como escritora, mucho. Es narrativamente inagotable. Tiene variedades, altura, densidad, peso. Tiene intención. Hay silencios tensos, hostiles, oscuros, suculentos, amenazantes, cómplices y enamorados. Nada tiene que ver el silencio de una iglesia después de la comunión con el de una clase de física a las cuatro de la tarde. El silencio culpable no vuela a la misma altura que el herido: no tienen la misma densidad.

Una noche, algo empezó a agitarse en el techo de la cabaña. El ruido, como de papeles arrugándose, era de lo más inquietante y temí que una serpiente fuese a caer en cualquier momento sobre mi cabeza. Salí a las escaleras de la terraza. Allí sentada, con la brisa haciendo bailar las campanas que colgaban de los árboles, pensé (no recuerdo ya cómo llegué ahí) sobre la única forma de silencio que podía haberme hecho daño. Daño de verdad. Era el silencio como forma de lealtad.

De niña sentía que no podía contar nada de lo que pasaba en mi casa. Daba igual que no fuera trascendental. Contar cualquier cosa —una riña, una pelea— me parecía una traición a mi padre, a su imagen, a la idea de perfección que el mundo tenía de él. Años después me pasó lo mismo con mi matrimonio. Ahí no por lealtad, sino por proteger la propia historia: de lo que no se habla no existe. En ambos casos, el silencio había sido una cárcel. Una camisa de fuerza que, de algún modo, seguía dentro. Lo notaba al escribir. Mi verdad era un campo de minas. Avanzaba siempre por su superficie con cuidado de no herir, de no traicionar, de no revelar demasiado.

Esa noche, con un ojo puesto en el techo de paja y otro en las costuras de mi historia, se me ocurrió un juego: a partir de entonces, dedicaría las meditaciones a pensar en silencios que me habían hecho feliz. No conseguiría dejar la mente en blanco, pero al menos me reconciliaría con el silencio.

Y eso hice.

Un día pensé en el silencio de mi hermana Chía cuando paseábamos, de vuelta a casa, por la orilla de Cortadura. Ella, tan rubia, con el pareo atado al cuello, las gafas oscuras y esa boca tan bonita sin moverse, consiguiendo, solo con algún que otro monosílabo, lo mismo que Momo con sus vecinos del pueblo: que yo me encontrase en su escucha.

Otro día pensé en el silencio de Juan, mi tercer hijo, que tuvo retraso en el habla y durante tres años solo pudo expresarse mediante la pantalla de sus ojos. Nunca he comprendido tanto a nadie, nunca me he sentido tan comprendida por nadie como en ese silencio suyo. Ahora no se calla nunca y tiene una precisión en sus observaciones fuera de lo normal. Siempre me dice: «Como tardé tanto en hablar, me pasé mucho tiempo pensando».

Uno de los días me vino a la cabeza el silencio de un viaje a Venecia con mi madre y mis hermanos. La noche helada. Las narices rojas. El *vaporetto* avanzando hacia el hotel entre una niebla que me pareció el aliento moribundo del agua. Otro día pensé en Durango, el pueblo de mis antepasados, pórtico de piedra y sigilo, un silencio casi absoluto salvo por el tañido de las campanas y el rumor del río. Me acordé también de la calle Jabonería en Jueves Santo poco antes de las diez: toda esa gente esperando al Nazareno bajar; el aliento contenido; el crujido de las túnicas; los penitentes, su caminar descalzo, leve, como el quemarse de un papel. Y al pensar en su silencio pensé también en Dios: si está en algún sitio, es en el silencio. En una iglesia vacía. En un paisaje a la hora justa.

Pero, más que en ningún otro, pensé en el silencio de aquel febrero en el que nació Casilda, mi hija mayor. Ese cuarto diminuto empapelado de humedad y *toile de Jouy*. La butaca rosa.

La farola encendida al otro lado de la ventana. La nieve fuera —nevó mucho aquel invierno—. Su cabeza aún sin terminar apoyada en mi brazo mientras chupaba el biberón con ansiedad. De todos los silencios que visité aquellos días, de todos los silencios de mi vida, ese fue el más profundo. El más íntimo. El más revelador.

Hace mucho que en el avión se han apagado las luces. Escucho música con los ojos cerrados y la cabeza recostada en la ventanilla. No consigo dormirme, pero sigo feliz. Menos efervescente, pero con la misma sensación de estar llegando a una orilla. Como cuando estás persiguiendo algo en un sueño y de pronto lo rozas. Entonces empiezan a sonar los primeros acordes de *Mi niño Curro*, la rondeña con la que empezaba mi padre todos sus conciertos. Decía que los temas lentos ayudan a la gente a cambiar de estado, a pasar de fuera adentro, de lo visible a lo invisible.

A los nueve o diez años empecé a pasarlo mal cuando la tocaba en directo. Era el tema, como he dicho, con el que salía a escena —con todo el maremágnum que eso supone para una hija que mira a su padre desde las sombras— y el único que tocaba solo. Me angustiaba verlo tan indefenso delante de toda esa gente. Me daba miedo que se equivocara, que se quedara en blanco, que la gente no lo entendiera como había que entenderlo. Que sufriera.

Esa rondeña es una de las obras que más me conmueve del mundo. Me detiene, me saca de donde esté y me encierra en su galaxia. De hecho, no la he incluido en la lista de música que uso para escribir porque, en cuanto suenan las primeras notas, pierdo la concentración. Me quedo inerte, dócil, suspendida;

como los gatos recién nacidos cuando su madre los agarra por el pescuezo. Sin embargo, en los conciertos, no la disfrutaba. Incluso ahora, al revivirlo —la oscuridad azulada del teatro y los carraspeos del público amainando despacio—, contengo el aliento con la misma inquietud de entonces. Seguía la música en tensión y, como no sabía lo suficiente para detectar si se equivocaba en una nota o le sonaba sucia, solo tenía una forma de evaluarlo: los silencios. Uno sabe, de forma instintiva, la medida de silencio que mejor se ajusta a un instante.

Pasé toda la niñez midiendo las pausas de aquella rondeña. Pesándolas. Preguntándome en cada una de ellas ¿y si esta vez es demasiado larga?, ¿y si el puente se vuelve abismo? O, por el contrario, ¿y si no dura lo suficiente y la música se atropella a sí misma?, ¿y si falta aire entre una genialidad y otra para que puedan digerirse las dos? Nunca pasó. Tenía el tempo tan dentro de los dedos que sus silencios eran rítmica y emocionalmente perfectos: la guitarra volvía a sonar en el mismo instante, justo el mismo, en que a la noche que llevamos dentro le nacía la siguiente ola.

Fue ahí, sobrevolando el mar Arábigo, dormitando dentro de aquel silencio que desgarraba el silencio, cuando sentí que había llegado donde tenía que llegar, que ese era mi principio. El silencio. ¿Qué otro ritmo podía tener la soledad?

Amanece a jirones por la ventanilla de mi derecha. Unas uñas afiladas rasgan la tela azul que cubre el fuego. Sri Lanka. 3 de agosto. Hoy cumplo cuarenta y seis años.

El frío de al lado

Estar con alguien que no me ve me hace sentir más vacía que el silencio.

CLARICE LISPECTOR

Los ingleses acaban de llegar a cenar. Como cada noche, se sientan detrás de mí en la única mesa del comedor dispuesta para dos. Es imposible detectarlos por el oído. No hablan, no tosen, no suspiran. Retiran las sillas con un sigilo espectral. Sin embargo, no necesito darme la vuelta para saber el momento exacto en que hacen acto de presencia: como todas las parejas que han dejado de quererse, traen un frío pegado al cuerpo.

Ella, que debe de tener mi edad, ocupa lo mismo que un gorrión. Tiene los ojos comidos por los párpados, el pelo muy fino y algo de niña de hospicio inglés. Su marido, mayor que ella, es muy blanco y casi gordo. Se ha dejado barba para disimular la papada. Los ojos son bonitos, castaños, mediterráneos, pero apenas se le ven porque siempre mira al suelo. Cuando al fin alza la vista, su cara es la expresión pura del hastío: el fantasma más viejo de un viejo castillo, harto de los mismos pasillos y las mismas cadenas tantos siglos después. Es evidente que no soporta estar con ella. Y que, en consecuencia, ella tampoco soporta estar consigo misma.

Los he observado mucho. Al ser dos, existe la escena: hay coreografía incluso cuando no hablan. Tienen voz, gesticulan. Se miran de vez en cuando. Pero es más fácil encontrarlos por separado, porque se han organizado —supongo que el pacto es tácito— para no coincidir. Ella va a la piscina pequeña. Él debe de ir a la otra o a ninguna. Y han pedido los horarios de los tratamientos a horas distintas. Solo se encuentran en la comida y en la cena. Por separado, ella parece más sólida, menos aérea. Pero en cuanto él aparece en escena, se la ve perdida, apresurada. Como si estuviera llegando tarde a algún sitio. Me recuerda al conejo blanco de Alicia.

Detrás de mí, ella habla, habla y habla. El murmullo suena como si alguien pasara las hojas de un cuaderno. Él mira la comida. Llega un momento, normalmente en el segundo plato, en el que ella se calla y se quedan en silencio hasta que terminan de cenar. A veces, cuando vuelvo de servirme, los observo allí sentados, dos agujeros negros compartiendo mantel. Da la impresión de que están velando a alguien. El cadáver es pequeño: un colibrí dorado que, en otros tiempos, al principio de quererse, se les posaba en los párpados y en la punta de la nariz. Fue la época de la exuberancia, del desnudarse a todas horas y de todas las maneras, del soñarse de viejos, como si de viejos fueran a seguir siendo jóvenes. Del fijarse aún en los pendientes de su mujer.

Debió de ser hace mucho tiempo. Del colibrí no queda más que un puñado de pequeños huesecillos.

Termino deprisa la sopa de verduras para entrar en calor y me pongo de pie en busca del segundo plato. La doctora, sentada muy recta tras su oscura mesa de trabajo, inclina la cabeza cuando paso por delante. Lleva un sari rojo y tiene los ojos hinchados de quienes siempre llevan gafas, pero ese día no. Es una de las tres médicas del centro y fue quien me atendió el día que llegué, somnolienta y confusa. Me tomó el pulso, me inspeccionó la lengua y después me dejó sola en la consulta para que respondiese un cuestionario larguísimo con preguntas como «¿Tienes el pelo seco y quebradizo?», «¿Hablas rápido?», «¿Cambias de actividad con facilidad?», «¿Eres intensa y apasionada?». «Vata —decretó al leer mis respuestas, con cara de haberlo intuido, y añadiendo casi para sí misma—: Aire».

Antes de llegar no sabía nada del ayurveda. Ni siquiera tenía muy claro si era chino o indio. Con los días fui entendiendo su lenguaje. *Vata* es una de las tres fuerzas o *dosha* que todos llevamos dentro en distinta proporción. Es el *dosha* que crea. En cambio, *pitta* enfoca y *kapha* sostiene. La relación entre ellos tiene que darse de una determinada forma: si se descompensa, el cuerpo enferma. Esto, que así contado suena a exótica fábula milenaria, a folclore terapéutico, fue la base de nuestra medicina hasta mediados del siglo XIX. Los médicos griegos, los romanos, los árabes y, finalmente, los europeos fundamentaron su modelo fisiológico en los cuatro humores de Hipócrates, según el cual el organismo está compuesto por cuatro fluidos básicos cuya proporción y mezcla determinan el funcionamiento del cuerpo. «Sangre, flema, bilis amarilla y bilis negra —escribió Hipócrates en *Sobre la naturaleza del hombre*—. Estas son las cosas que componen su constitución y causan sus dolores y salud. La salud es principalmente aquel estado en que estas sustancias constituyentes están en la proporción correcta entre sí, tanto en fuerza como en cantidad, y están bien mezcladas. El dolor ocurre cuando una de las sustancias presenta deficiencias o exceso o se separa en el cuerpo y no se mezcla con otras».

Quién sabe. Pero yo, que me paso la vida basculando entre el escepticismo y la esperanza, sigo cada vez más a rajatabla todo lo que me mandan, porque después de diez días aquí —comiendo lo que me han dicho que tengo que comer, dejándome clavar agujas en lugares de mi cuerpo que nadie había tocado nunca y bebiendo esas hierbas repugnantes que los chicos de blanco dejan cada tarde en mi habitación—, después de diez días, siento, mientras camino por ese comedor severo y conventual, rodeada de extraños y sin haber hablado con nadie en todo este tiempo, que estoy en absoluta plenitud. Ligera, restaurada, como si me hubiesen cambiado la sangre.

Justo antes de llegar al bufet está el pianista, que solo toca los martes y los jueves. Lleva una camisa blanca y va muy bien peinado, con la raya a un lado, inmóvil y esforzada. Está tocando las *Variaciones Goldberg*. El aria. Las escuchaba en playa Bonita con D. mientras hacíamos el café y esperábamos a que se ablandaran la mantequilla y la torpeza. Tengo rachas de escuchar obsesivamente a Bach. Llevo toda la vida oyendo que es el gran creador, el arquitecto de la música, el traductor de Dios; así que cada cierto tiempo vuelvo a buscar su misterio. Me gusta, sí; hay veces que me sobrecoge, pero no dejo de sentir, una y otra vez, que soy un ciego tratando de entender el azul.

El pianista sí lo ha entendido. Cuando la música se vuelve tan fina que cualquier titubeo puede quebrarla, eleva un poco los hombros y cierra los ojos, como si solo en la oscuridad viese el camino.

Al terminar de tocar, se pasa el dorso de la mano por la frente. No se da la vuelta.

Ya sin música, la vida vuelve a ser ruido: vasos, cubiertos, los viejos ventiladores, el crepitar de los insectos alrededor de las bombillas y, al fondo, los cocineros con su traje de Ratatouille mientras ponen en marcha las planchas de las crepes.

El bufet, dos mesas largas colocadas en forma de ele, es el *Moulin Rouge* de la comida sana. Pirámides de cebolla caramelizada, guisos de calabaza y coco, arroz jazmín. En el palo corto de la ele están las frutas: dulces, vivas, exquisitas. Muchas de ellas no las había visto nunca. O, si las había visto, nunca las había visto así. Desde que salí del trance que me dispongo a relatar, todo tiene más color, más sabor, más erotismo.

Hace años me contaron que en los submundos de Bangkok, ese Bangkok oscuro, sórdido y fascinante, había una atracción —no sé si seguirá existiendo— que consistía en meterse en un sótano y dejar que una serpiente te mordiera la lengua. Si no morías —pequeño detalle—, volvías del viaje con los sentidos multiplicados. Todo pasaba a existir en alta definición.

Fue exactamente eso lo que sentí tras el insólito episodio de sueño que me invadió al aterrizar en Colombo. Un golpe de sopor que duró cuatro días y cuatro noches.

El último pensamiento lúcido que recuerdo tiene que ver con una niña vestida de raso marrón que entraba y salía por la barrera de gente que esperaba en la terminal de llegadas. Me hizo pensar en la cinta ondeante de la gimnasia rítmica. Inmediatamente después caí en el letargo, una neblina cómplice y deliciosa, casi febril, en la que hubiera podido quedarme a vivir.

Dormí las casi tres horas de trayecto entre el aeropuerto y el hotel. De vez en cuando, al abrir los ojos, el amanecer me sacudía un rato: las colinas de verdes distintos, el aire azulado y las primeras luces de la mañana atravesando las copas de los árboles. Los japoneses tienen un nombre para esa luz: *komorebi*.

Cuando estábamos a punto de llegar, el señor que había ido a recogerme paró el coche junto al mar. Nos comunicábamos de forma torpe y ridícula, porque ninguno de los dos entendía el inglés del otro. Señaló la playa. El Índico no es un mar complaciente. Es gris, taciturno y autoritario. Ruge como avisando. A unos diez metros de la orilla, a contraluz, media docena de hombres pescaban sentados en unas estacas de madera. Eran unas estructuras en forma de cruz, con un gran palo vertical de tres o cuatro metros clavado en el arrecife. De esa vertical salía un tablón sostenido por una estaca colocada en ángulo. Las olas golpeaban con fuerza el arrecife, pero los palos ni siquiera temblaban.

Los pescadores llevaban una tela enrollada en la cabeza y otra en la cintura con unas bolsas de plástico para guardar el botín. Caballas y arenques, creí entenderle al chófer. Me impactó aquella imagen. Parecían bailarines flotando en el aire.

Eran los zancudos de la célebre foto de Steve McCurry.

Abrí la ventanilla para sentir del todo la escena y durante ese entreacto sin cristal la vida volvió a ser entera. El viento, quizá, o el olor a pescado. Pero en cuanto el vehículo se puso de nuevo en marcha, el traqueteo volvió a adormecerme. Todo lo que quedaba al otro lado de la ventanilla se fragmentó como los cientos de abalorios de un collar roto. Caía en el sueño un rato y, unos metros después, me despertaba. Un cruce. Un letrero desvencijado anunciando el hotel. Otra vez la caída a la oscuridad y, pocos minutos después, en el bache, la eterna secuencia de la pobreza: el viejo sentado en el bordillo mirando la nada, el perro de las costillas marcadas, la mujer en el puesto de fruta, los escaparates de electrónica manchados de salitre. La basura.

Hice un esfuerzo por volver en mí mientras subía la colina. Quería estar despejada en la toma de posesión del lugar. El coche aparcó junto a un árbol milenario que hundía sus raíces en un estanque de agua oscura. Dentro vivían media docena de peces parecidos, en pequeño, al tiburón gato. Había uno albino con los bigotes larguísimos.

En la recepción, sin paredes, había grandes vasijas con pétalos flotando en el agua. Al fondo, un diván de caoba se recortaba contra el cielo. Desde allí arriba, en lo alto de la colina, la vegetación bajaba con la fosforescencia del monzón y se perdía en el Índico, una hebra gris que rugía al fondo como las tripas de una ballena.

Olía a flores, a incienso y a mar. A antes de la lluvia. Al principio de los tiempos.

A mi derecha, tras un buró de madera labrada, me recibió una mujer con un sari fucsia y la voz muy suave. Estaba hecha de bruma, como todo lo demás. Detrás de ella, un pasillo de luz, un arco, otro estanque y la esquina de un edificio de hormigón comido por la naturaleza.

El chico que había venido a recoger mi maleta me llevó en dirección opuesta. Cruzamos un pequeño jardín con troncos a modo de taburetes y llegamos a una galería de tres plantas construida sobre pilares. El pasillo transcurría abierto a la selva. Qué cantidad de naturaleza muerta, pensé. Unos chicos de blanco charlaban en torno a una escoba. Qué pómulos tan altos.

La habitación era amplia, sobria y delicada. En medio, una cama con dosel. Junto a la ventana, un pequeño sofá y una mesita con una varilla de incienso y un cartel plastificado en el que se rogaba no dejar las ventanas abiertas porque podían entrar los monos. El mono de la foto tenía una cresta blanca y la expresión furiosa de los famosos asediados por los *paparazzi*. No hice caso a la recomendación y dejé la ventana abierta cada noche que estuve allí.

Desde la terraza, grande y con una barandilla de madera sin tratar, la vista era preciosa: las copas de los árboles, apretadas unas contra otras, bajaban por la ladera como un solo cuerpo.

Un manto verde de esponjas y, al fondo, el triángulo invertido del océano.

El estupor duró, como decía, cuatro días más. Me dormía en los masajes, la acupuntura y la envoltura con cataplasmas del jardín herbal. Después me quedaba dormida en la tumbona del acantilado y, de nuevo, sin el menor esfuerzo, en la siesta de mosquitera y ventilador. Paseaba sin tocar el suelo por senderos de árboles que acercaban sus copas a mi paso. No veía del todo, no me posaba del todo, no retenía la cara ni el cuerpo de quienes se cruzaban conmigo. Podrían haber sido juncos, lanzas, cualquier verticalidad en movimiento. ¿Cómo es posible que todo se resuma a esto?, recuerdo preguntarme en algún momento de lucidez. A estas figuras alargadas que rematan en redondo… ¿Cómo, en una geometría tan pobre, en un contorno tan infantil como una línea y un círculo, caben la *Novena sinfonía* de Beethoven, el Taj Mahal, la penicilina y los F-35?

Fue una excepción. En general, no pensaba. Vivía entregada a lo sensorial. Percibía los cambios de la oscuridad a la luz, los olores mezclándose en el cruce de corrientes, los ruidos de los monos en los árboles y el entramado del suelo, sobre todo el del camino que bajaba al mar, porque pinchaba. No notaba más y no quería notarlo. Estaba feliz en ese letargo de cuento infantil, de rueca encantada, en esa apacible forma de no existencia.

Cuando al final del día me metía en la cama, lo hacía dispuesta al insomnio. Estaba convencida de que mi cuerpo habría agotado ya las reservas de sueño de los siguientes veinte años. Abría *La señora Dalloway* por la misma página de la última vez. La ventana abierta, las cortinas largas y blancas como un vals, la brisa, el mar. Nunca llegaba al final de la página. A veces me despertaba en mitad de la noche con el libro abierto sobre el pecho y la lamparita encendida. Apagaba la luz, rehacía la postura y volvía a caer en esa negrura blanda y compasiva hasta que empezaba a amanecer. Recuerdo pensar entre sueños: ojalá la muerte sea esto, una penumbra que te arrastra de la mano con dulzura.

Cuando volví en mí me pregunté muchas veces por los motivos de ese embotamiento. Quizá fuera porque había llegado muy cansada. Julio, el Levante, los niños, el desamor… Tal vez el cuerpo se desactivó porque no había nada que hacer. Nada que resolver, entregar, comprar, decidir, lograr, aplazar, vigilar, consensuar, esconder, justificar o sostener. Imagino que la falta de wifi también influyó. Estoy segura de que no tener acceso a nada más que a lo contiguo, a lo que está al alcance de la nariz y de las manos, baja las pulsaciones. Aunque lo más lógico es pensar que mi cuerpo estaba hibernando ante el dolor. Porque, por más que no quisiese indagar ahí, estaba herida. Descomponiéndome por ciertos sitios. Cuando alguien a quien has querido tanto desaparece, se lleva la parte de ti que habías cedido al nosotros.

Había otra opción: que me estuvieran envenenando.

Sea como fuere, me resultó un estado delicioso. Días después, cuando al fin abrí el ordenador, lo primero que escribí fue: «Resulta curioso que, dentro de esa irrealidad tan íntima, tan solitaria y hermética, nunca se sienta uno solo. Que en esos estados inmersivos —los sueños, los juegos o la creación— no se necesite para nada a los demás. La noción de ausencia solo existe cuando vuelves del todo aquí y las figuras borrosas adquieren precisión. A lo mejor solo nos sentimos solos cuando hay gente cerca que no lo está, o cuando hay gente cerca con la que podríamos estar. Quizá, si el mundo fuera un archipiélago de solitarios, nunca sentiríamos soledad».

La mañana del quinto día desperté al fin llena de energía y absurdamente alegre. Salí al balcón a contemplar el amanecer y, al estirarme, se me escapó una risa. Fue una carcajada fortuita, una explosión de gozo como las de los niños, que se ríen de media trescientas veces al día —nosotros, veinticinco—. Ese júbilo místico, como el de las monjas de Sorrentino, que, sonrojadas, se tapan la risa mientras cruzan los claustros, no fue la única huella del trance.

Al igual que los temerarios turistas de Bangkok, volví percibiendo mejor. La urraca de la piscina era de un azul tan intenso que parecía iluminada desde dentro. El mango me sabía más dulce y el aceite de los masajes me daba el mismo gusto que el primer sol de la primavera. Un día después de la resurrección, en la sesión matutina de acupuntura, mientras estaba tumbada en la camilla que había junto a la ventana, con la brisa dándome en la cara y el borde de la sábana agitándose con suavidad en los tobillos, empezó a sonar un laúd en el hilo musical. Un lamento antiguo, milenario. Casi una seguiriya. Estuve a punto de llorar de felicidad.

Espero a que la mujer de delante termine de servirse mi arroz favorito. Tiene el pelo corto, la espalda perfecta y podría haber salido de un cuadro de Hopper. No le gusta comer porque no le gusta nada, así que se sirve con desgana. Cuando se gira rumbo a su mesa, vuelvo a verle esa mirada vacía y escalofriante de quien no pertenece ya al mundo.

Me sirvo el arroz. Luego calabaza con curri. Es lo que me ha mandado mi *sensei* para rebajar el aire interior: comidas con peso, dulces y calientes. El ayurveda tiene mucho que ver con la temperatura. El calor empuja al cuerpo a la reparación, y el frío, a la defensa.

Al volver a la mesa me cruzo con la guapa. Lleva muchas pulseras doradas que tintinean cuando se mueve. Una mata de pelo ancha y desmadejada enmarca su preciosa cara de ciervo. Me sonríe. Siempre sonríe, incluso cuando no hay nadie. Hace dos días, a última hora de la tarde, estaba yo en mi balcón dejando que el aire me diera en la cara cuando la vi subir de la piscina con la toalla enrollada al cuerpo. Iba sonriendo. No era una sonrisa bobalicona o temblorosa. No tenía tampoco ese repliegue elástico que tienen las sonrisas de los ancianos y los locos. Era una sonrisa lúcida, como si le estuvieran presentando a alguien a quien le diera entre vergüenza y excitación conocer.

«Te querrán más si sonríes», le decía su madre pellizcándole la mejilla cuando la guapa, de niña, se marchaba a cualquier sitio. Así que la guapa sonrió y sonrió hasta que la sonrisa se le quedó grabada. Sonrió en la universidad. Sonrió en las cenas de trabajo, en casa de su suegra y en el bufete del abogado que le llevó el divorcio. Sonrió a los hombres que le devolvían la sonrisa y también a los que no. Poco después de cumplir los cincuenta entró un día en un restaurante y se dio cuenta de que nadie se volvía ya a mirarla. Entonces intensificó la sonrisa. «Si tuviera que enumerar las causas de mi soledad, clasificar sus elementos, me vería en la obligación de reconocer que, al menos en parte, mi soledad tenía que ver con la preocupación por el aspecto físico, por no ser lo bastante deseable», decía Olivia Laing en *La ciudad solitaria*.

—*Hi!* —me saluda sonriente, parándose delante—. Estaba pensando en ir mañana a la fábrica de té. ¿Tú has ido ya? —me pregunta en un inglés que no es ni británico ni americano.

Ni he ido ni iré. Las excursiones son por la tarde, y por las tardes tengo que avanzar con el libro. Pero quizá escriba que sí, que estuve allí, y hable del tejado de chapa, del calor espantoso y de la mujer de los pantalones remangados. De la gota de sudor que se le despega de la sien en el momento justo en que un rayo de sol entra por uno de los ventanucos de arriba: el rayo cruza la diagonal y se le clava a la gota en el corazón. De las hojas secas extendidas en la cinta negra, de las sacas de té negro arrinconadas en la nave contigua y de su largo viaje a Inglaterra. Puede incluso que cuente la visita que hice con mi hija Casilda a la casa de Jane Austen en nuestro primer viaje solas y que a las dos nos supo a naranja amarga.

—No, quizá vaya mañana —miento para acortar.

Se me hace raro oír mi voz.

Ella se enrolla un mechón de pelo en el índice y ladea la sonrisa, dudando:

—No sé. Mañana también hay un curso de cocina por la tarde que me interesa mucho.

Estoy deseando que resuelva pronto sus dudas porque se me va a enfriar el arroz.

—Yo creo que iría a las clases —le digo—. Las excursiones son las mismas todas las semanas.

—*Good point* —exclama ensanchando la boca hasta que se le ven todos y cada uno de sus blanquísimos dientes.

Se marcha liviana con sus pulseras tintineando detrás.

El comedor está en la tercera planta del edificio común y se abre por completo al exterior. No hay cristales ni apenas paredes, solo una noche sin luna que se agita a ratos con el viento cálido del golfo. El sonido del piano flota por encima de las mesas, repta hasta los confines del salón y cae en la boca húmeda de la selva. No hay aplausos. Ni siquiera atención. «¿Y esa soledad? —pienso—: la de los músicos que tocan en los hoteles sin que nadie les haga más caso que a las chicharras».

Giro la silla para verlo tocar.

Sigue con Bach. La *Chacona*. Quizá la pieza más asociada al dolor de toda la música occidental. El desconsuelo hecho música. El duelo por su mujer, Maria Barbara, que murió mientras él estaba de viaje y a quien, al volver, se encontró ya enterrada. Me concentro en la música, en su ritual de repetición. El dolor volviendo una y otra vez, distinto pero igual. Y de pronto, en medio, un resplandor. Una tregua. Un hotel en Sri Lanka. Un pequeño claro en la pena. Lo más fascinante de esta obra, más allá de la relación sobrenatural entre la música y el alma, es que está llena de mensajes en clave. Bach usaba a veces la gematría, un antiguo método hebreo que transforma las letras en números. En el sistema anglosajón, las notas son letras. Si se suman las del primer compás, el resultado es cincuenta y ocho. Maria Barbara suma cincuenta y ocho. Y si se suman las del segundo compás, la cifra también es ciento cincuenta y ocho, exactamente lo mismo que Johann Sebastian Bach. Fue su rúbrica para la eternidad.

Los artistas tienen la suerte de poder poblar el dolor y la soledad, de darles forma, de volverlos habitables. A mí me da pena el pianista, pero tal vez en ese momento él no necesita que nadie lo escuche, que nadie se dé cuenta de la forma tan bonita en que está uniendo Oriente y Occidente, que nadie piense un segundo en la cantidad de horas que ha practicado para aprender ni más ni menos que a Bach. En lo difícil que habrá sido en este pueblo remoto del sur de Sri Lanka encontrar a alguien que le enseñe piano. En el esfuerzo que tuvo que hacer su padre para que pudiera estudiar música. Mientras está tocando, no necesita nada más que eso, tocar. Como me sucedió a mí mientras estuve sumida en mi sueño de rueca encantada, le basta consigo mismo. No nos necesita porque no está aquí, en este comedor, en la mirada ajena, en la indiferencia rechoncha del inglés, la sonrisa de la guapa o mi compasión. Él está en ese otro mundo que hay dentro de este, al borde de la noche, de lo infinito. En el vientre de la música. Girando y girando abrazado a su propia llama.

Una ráfaga de brisa sacude los bordes del mantel blanco. El aire es húmedo y huele a tierra mojada. Ha llovido mucho los últimos días. Anoche, al volver de cenar, un sapo viejísimo salió de una vasija enterrada en la oscuridad. Dio un salto perfecto y se deshizo en el aire como una pompa de jabón.

Me recuesto en la silla y dejo que la respiración encuentre su sitio. Por primera vez desde que llegué noto el peso de la familiaridad dentro. La tibieza de cuando el cuerpo de un nuevo amante deja de ser extraño. El olor del hotel —dulce, salino y amaderado— ya está archivado en mi memoria. Codificado. Y la selva, que al principio solo era un entramado de verdes distintos, empieza a tener contornos reconocibles. Pero lo definitivo es que ahora, cuando paseo la mirada por el muestrario de soledades que cena a mi alrededor, todas ellas silenciosas, bronceadas, acunadas por el trópico y por la música, nada me resulta ya ajeno. Conozco sus nucas, sus clavículas, las raíces del tinte y cada marca de sol. Me sé su ropa, sus sandalias, los gestos de su boca al masticar y cómo anda cada uno de la mesa al bufé. Y, por encima de todo —esto es lo que mejor me sé ya—, en qué parte del cuerpo se les ha instalado la soledad.

La mayoría la lleva en la espalda.

«¿Quién de todos nosotros estará más solo? —me pregunto avivada de pronto por mi propio juego—. ¿La mujer de la mirada vacía y la espalda perfecta, quizá? Si fuera una isla, sería Islandia». Se sienta dos mesas más allá, en la diagonal. Su plato está casi intacto y no hay rastro de vida en sus ojos. Si no fuera por el temblor de la mano con la que sostiene la taza, creería que es de verdad un cuadro de Hopper. Una figura sin nadie dentro.

En algunas soledades, hay anhelo de *un otro*. En la suya, el otro no existe.

De niña, en casa de mis padres, en Mirasierra, teníamos un vecino con el que mi hermana Chía y yo jugábamos a menudo. Se llamaba Bruno. Cuando estábamos aburridas, bajábamos a la valla de alambre que separaba las dos casas y gritábamos desde allí: «¡Bruno, Bruno!». Hablaba poco, pero era gracioso. Nos recuerdo todavía agarrándonos la tripa muertas de risa por algo que él había hecho o dicho. La mayor parte del tiempo era un niño normal, pero, de pronto, estábamos jugando y le cambiaba la expresión. Miraba de una forma extraña, se le nublaban los ojos y parecía como si algo le tirara de la mirada hacia dentro. Dejaba de hablar y luego desaparecía. Se iba a algún lugar dentro de sí mismo y lo que quedaba delante de ti era solo un cascarón. Su madre, que siempre merodeaba cerca, se lo llevaba entonces a casa y pasábamos muchos días sin volver a verlo.

Se mudaron cuando teníamos trece años. Tiempo después supimos que se había suicidado.

Cuando me separé tuve muchas veces la sensación, incluso estando acompañada, de que no había nadie a mi alrededor. No hablo de las ausencias típicas que tenemos todos, de esos segundos en los que la mente empieza a divagar y el entorno se difumina. Era algo mucho más profundo. Una sensación de ausencia incluso física.

Salí una noche a tomar algo con un pretendiente, como lo hubiera llamado mi abuela. Un hombre educado, casi decimonónico, que al caminar se colocaba a mi derecha, al borde de la acera, como hacían los hombres de antes para que las salpicaduras de los carruajes no mancharan la falda de las mujeres. Durante un rato estuve allí, presente, escuchando su conversación. Era interesante, además. Pero de pronto todo se volvió oscuro. Un apagón. Su voz dejó de llegarme, ni siquiera como un murmullo de fondo. Se borraron las demás mesas, los cuerpos, la cafetería, los camareros con las bandejas. La noche, él, yo allí sentada: todo se disolvió. Eran las nueve en punto, la hora en la que yo me tumbaba con mis hijos en la cama y les hacía cosquillas en la espalda hasta que se quedaban dormidos. En el momento justo en que cruzaban la frontera del sueño, les sacudía una especie de estertor. Luego la calma absoluta, la respiración en paz.

En medio de la oscuridad en la que se había convertido la cafetería en la que estábamos, empezó a temblarme el cuerpo. El mismo temblor de los niños. El mismo escalofrío que les estaba subiendo ahora mismo por la espalda en ese mundo paralelo en el que yo, a esa hora, estaría acariciando a mis hijos hasta quedarse dormidos.

No sé qué es más difícil. Si esa soledad clausurada, sin ventanas pero sin deseo, o la de la guapa, que come detrás de los ingleses como comen siempre las guapas: la espalda recta, el cuello firme y la mandíbula entrenada en la contención. A ella, no tener a nadie enfrente le ha abierto un hueco entre las costillas. Necesita el espejito mágico. Un a medias. Un calor que la complete. Necesita que la quieran, como yo cuando hablo en público y me quedo paralizada de terror porque no hay ninguna corriente de afecto entre quienes me observan y yo. Como el adolescente que llega a un colegio nuevo y siente que ningún pasado le arropa.

Come despacio, con un orden hipnótico y coqueto. Empuja el cuchillo hacia el tenedor como si estuviera barriendo el porche de su impecable casa en el Báltico y el vecino de enfrente la estuviera mirando. El que la mira en realidad es su vecino de mesa: el sepulturero de mi inventario mental, no porque vaya siempre de negro, sino porque parece haber empezado a deshacerse, a dejar de ser un bloque sólido. Por la manera en que murmura solo, por el rictus de su boca y por cómo mira a la guapa, juraría que una mujer le ha destrozado la vida a esa edad en la que la vida ya no te devuelve lo que te quita. Quizá la guapa, que se sabe mirada, podría salvarlo. Desgraciadamente, la soledad de ella es de las que solo amaina cuando la salvada es ella. Lo sé por cómo mira al artista disfrazado de artista —anillos, collares, gafas de sol inútiles—, hombre fuerte, ensimismado y, en esa mezquina trama de las voluntades humanas, sin la menor intención de salvar a nadie y, por lo demás, sin necesidad de más compañía que una presencia de fondo, alguien en segundo plano que suene poco, como los dos secuaces que lo observan a cada rato desde la mesa de al lado: dos perrillos esperando el silbido de su dueño.

El foco cae ahora sobre mi propia soledad. Si la vida hubiera seguido por el cauce previsto, yo no estaría aquí. Estaría cenando con mis hijos en una mesa cerca del mar. Dirigiendo la coreografía. Atenta a que el viento no se lleve las servilletas y a que no hablen con la boca llena o pidan el postre antes de terminar. Moderando sus discusiones, limpiándoles la boca y apartándoles el pelo de la frente. Disuelta en ellos. Alejandro, al levantarse, me pondría la mano en el hombro y yo sentiría que pertenezco a esa tibieza. No habría incertidumbre. Podría imaginar cómo iba a ser septiembre. Ese septiembre, el del año siguiente y el de después. Sería más madre que mujer y notaría a mi alrededor el cálido envoltorio de lo común. Si la vida hubiera seguido el curso previsto, no estaría cenando sola, pero quién sabe si estaría tan en paz.

Porque es así como estoy, en un absoluto estado de equilibrio. En mi interior todo está donde tiene que estar, ocupando el tamaño justo, respirando a compás. Cada órgano, cada esperanza, cada recuerdo. Una orquesta sinfónica tocando al fin en perfecta sintonía.

Todo sopla a favor de este estado de placidez. La naturaleza, los pájaros, el mar. Dormir. Todas esas hierbas, aceites, agujas y alimentos dosificados con maestría para reparar grietas y tapar boquetes. En India, igual que aquí, el cuerpo y la mente se conciben como una unidad, distintas vetas de mármol enredadas en la misma piedra. Cada emoción tiene un órgano receptor. El miedo va al riñón; la tristeza, a los pulmones, y las obsesiones, al bazo. Si uno se debilita, el otro también. Como en el juego de la soga, si el órgano tira de un lado, la emoción se desplaza tras él en un movimiento subordinado.

Llevan muchos días encargándose de que cada parte de mi cuerpo recupere la fuerza que debe tener. Su potencia original. Y casi desde el principio he notado que el viejo *mens sana in corpore sano* ha dejado de ser una frase hecha.

Desde la plenitud orgánica, encuentro deliciosa esa forma de soledad. Parcial. Porosa. No estoy aislada. Coexisto con los de mi especie: noto sus ruidos, sus olores, la suave fricción de su existencia. Sin embargo, la convivencia no exige nada. No hay peajes. Nadie sabe nada de mí ni tiene interés por saberlo. No hay expectativas ni obligaciones. Nadie espera de mí que sea ingeniosa, culta o resolutiva. Y hay algo profundamente relajante en eso, en que la única cortesía sea dejarse en paz y hacer la vista gorda con las esperanzas desgastadas de quien está enfrente.

En ausencia de mirada ajena, mi mirada sobre mí misma se ha vuelto más pura, más nítida. La noción de un otro, de un público, siempre condiciona. Lo explica muy bien Sartre con el ejemplo de la cerradura: «Imaginemos —dice— que, por celos, por interés o por puro vicio, alguien pega la oreja contra una puerta y mira por el ojo de una cerradura. Se convierte en un *voyeur*. Mientras mira, solo existe su mirada: se convierte en el paisaje y en lo que ese paisaje le genera. Pero si en ese momento oye pasos por el corredor y es descubierta, esa persona ya no es la misma que era hace un segundo».

Aquí todos somos *voyeurs*, pero la puerta está abierta. No hay, por tanto, ni falta ni culpa.

Los ingleses, por ejemplo. Estoy segura de que saben que los observo por el rabillo del ojo. Sigo con la silla girada hacia el pianista, así que puedo verlo a él cortando el pescado. Incluso ese gesto parece agotarlo. Pienso que, si no fuera por el efecto que tiene en ella, por el anhelo con el que lo mira, sería una persona absolutamente insignificante. Uno de esos pobres hombres a los que nadie recuerda jamás. Pienso también que, si él la mirase con el más mínimo calor, a ella se le secarían las plumas. Parecería más grande, más viva.

Esta mañana la he tenido al lado mucho rato en la piscina. Me ha dado pena. No sabía dónde posar la mirada. Intentaba leer, pero no se concentraba. Volvía a levantarse agitada, sin rumbo. Mojaba un pie en las escaleras de la piscina y, al momento, lo retiraba indecisa. Entonces se acercaba hasta la palapa de las bebidas andando deprisa y como a punto de tropezar. Se servía un vaso de agua que después dejaba entero en la mesita junto a la tumbona.

A diferencia de las otras noches, no se ha callado con el segundo plato. Oigo su gorjeo detrás. No logro entender lo que dice. Solo me llega el *two hundred quid* con un tono de protesta algo infantil. La queja es lo único que nos queda cuando ya no nos oyen. El dinero es lo único que queda cuando ya no nos quieren.

Cuando, al principio de este capítulo, hablaba de las parejas que han dejado de quererse, no me refería a la falta de pasión ni a esa ausencia pueril de mariposas en el estómago. Hablaba de otra cosa. De la sensación, inconfundible para cualquiera que la haya vivido, de que, cuando el otro recuesta la cabeza en el hueco de la mano y se pone a fantasear con otra vida, en esa vida no estás tú. De que, cuando su mirada se pierde en la ensoñación, por ningún sitio te ve a ti. Esa soledad, la de estar al lado de alguien que necesitas que te quiera y no lo hace, es, de todas las soledades que he observado, la más peligrosa. Del mismo modo que para vernos la cara necesitamos un espejo, para medir nuestra magnitud necesitamos —salvo que hayamos alcanzado la autosuficiencia mística— la mirada de los demás. Decía Julio César que es muy difícil no acabar convertido en lo que los otros creen que eres. Si la persona que te quiso, la que te eligió, te devuelve el reflejo de una figura insignificante, de alguien torpe, inoportuno, casi incorpóreo, ese pasa a ser tu retrato. La inseguridad se vuelve estructura, y la estructura deforma. Debilita tanto que un día ya no sabes cómo reconstruirte. Y como cada vez eres más frágil y tienes las alas más rotas y las plumas más mojadas, estás cada vez más a merced del otro, que, sin poder evitarlo, incluso sintiéndose culpable, te desprecia cada vez más. La naturaleza es cruel con los débiles. Las perras dejan de alimentar a los más frágiles de la camada.

El pianista ha empezado a tocar algo alegre y festivo. Ella no parece notarlo: sigue hablando sola. Creo entender que está protestando porque creía que el precio de un tratamiento estaba incluido y resulta que no lo está. Le parece indignante. Su parloteo no se detiene ni siquiera cuando la música cambia el aire del comedor.

Entonces él sale, por primera vez, de esa impasibilidad cruel. Hace un gesto teatral, impropio, absolutamente ajeno a su sigilo habitual. Junta las dos manos como si fuera a rezar y, en un tono que despierta la curiosidad de todas las mesas vecinas, dice: «Por favor. Un minuto. Te lo ruego. Cállate un minuto».

Ella lo mira, enfocando al fin. Por un instante parece que va a pasar algo, que ha recuperado el timón del barco y no lo va a tolerar más. Suspira, abre la boca. Está a punto de hablar, y luego no. Duda. Se arrepiente y a continuación tensa la boca arrepintiéndose de haberse arrepentido. Al final, la duda vuelve a su rostro como una niebla y se recuesta, hundida, en el respaldo de la silla.

El precipicio se abre de nuevo entre los dos.

Decía Pessoa que estar solo no es no tener a nadie: es no tenerse a uno mismo en la compañía del otro.

Cruzo mi mirada con la de la doctora que, sentada muy recta en su pupitre, con un brazo apoyado sobre el otro, observa también la escena. «¿Qué pensará de nosotros? —me pregunto—. ¿Le daremos pena? ¿O solo le crearemos curiosidad clínica? Aburrimiento, tal vez, o alguna forma de envidia». Cuesta hacerse una idea. Parece no existir más allá de su función, de su papel de medidora del pulso de la humanidad. Su cara no emite señales: acepta, no juzga, pero tampoco cede, como la madre superiora de un convento.

Me pregunto qué le contará a su familia cuando llegue a casa por la noche. «Oh, cielos —dirá—, son tan desgraciados allí, al otro lado del mundo. Creo que es porque escuchan demasiado su propia mente. Y esa pobre mujer inglesa… Es tan triste. Su marido no la cuida, no la mira: la ha dejado sin suelo, como un árbol sin raíz».

Me pregunto si ella también se sentirá sola alguna vez. Sí, a pesar de esa familia inmensa que le supongo, de todos esos vecinos cantando en los patios, de sus pacientes y de la compañía infalible de Dios, tendrá, como tenemos todos, un ángulo muerto.

Supongo que sí.

Hay cosas que, sencillamente, no se pueden compartir. Una intimidad alojada en un sitio al que solo tú tienes acceso. Solo tú sabes cómo sientes lo que sientes, en qué parte del cuerpo y con qué ferocidad. Solo tú conoces tus mentiras, la velocidad de tu pulso cuando tienes miedo o el nudo en la garganta si alguien te habla de él. Hay mucho de nosotros mismos por donde navegamos siempre a solas, da igual lo extrovertidos que seamos, lo bien que comuniquemos nuestros sentimientos. Algunos cuartos oscuros no tienen puerta. Dentro están las miserias, las culpas, las vergüenzas. Las pasiones y los rencores que no se extinguieron del todo. Esa sonrisa congelada cuando te encuentras a un viejo amigo que sí lo consiguió, que sí llegó, que sí tuvo la disciplina, el valor o la suerte. Sí, ahí dentro estamos terriblemente solos.

Quizá lo mejor sea no pensarlo. Es lo que recomiendan los médicos: volcar la mirada hacia fuera. Cuando esquías y te paras en mitad de la pendiente, si cargas el peso hacia dentro, te caes. El pianista no está solo porque tiene el peso cargado en la música. Yo no me siento sola porque estoy escribiendo un libro que me obliga a estar atenta, a fijarme en los camareros que recogen veloces los platos vacíos de las mesas; en los asustadizos gecos, momificados encima de las lámparas; en cómo, en ese momento, la inglesa trata de alcanzar a su marido de camino hacia la puerta. Entonces, contra todo pronóstico, él se para, hace un gesto de esperarla y le cede el paso en el umbral.

Quizá baste con eso. Con alguien que te espere en algún sitio para dejarte pasar.

El pianista sigue tocando. Se le nota en la espalda que está llegando al final. Alza los hombros y marca el compás con la cabeza. Sus manos van cada vez más deprisa. Aprieta el tempo, lo suelta y en las últimas notas recoge todo lo que venía sonando y lo sublima en un cegador campanazo que lo deja todo suspendido en el final.

Contra todo pronóstico, por segunda vez esta noche, unos aplausos enfervorecidos estallan en la otra esquina del comedor. Miro hacia allá. Una mujer mayor se levanta con torpeza de la última mesa del fondo. Lleva el pelo, largo y blanco, agarrado en una cola de caballo. Todo el peso de su cuerpo se apoya en un bastón con la empuñadura en forma de escarabajo.

El espigón

Me hundo y abro los ojos al silencio azul de debajo del agua. Qué delicia. La luz, la tregua, la ligereza. Cuando era niña y mi padre me llevaba en su barca a pescar, pensaba que bucear era como viajar al espacio, pero, en vez de hacia fuera, hacia dentro. Reinos azules los dos, sin gravedad ni tiempo, solo flotar y flotar. Una elipsis. Un reverso contiguo hecho de la misma materia que el sueño. Braceo hasta el fondo y trato de pegar el cuerpo a los azulejos del suelo, del mismo color que altamar. No se oye nada, solo el rumor débil de la depuradora y de mi cuerpo contra el agua que, más que sonido, es vibración. Llego al final ya sin aire y subo. Burbujas de mercurio, la superficie quebrándose y, cuando saco la cabeza del agua, la vida volviendo a sonar.

La escena sigue exactamente igual que hace un minuto. La anciana de los ojos grises se sujeta la falda por debajo de las rodillas con cuidado de no enseñarlas. Pasea de un lado a otro por el primer escalón, que es ancho y no resbala. Una vuelta. Otra. De lejos parece joven, tiene empaque de felino, de pantera. De lejos no se nota la ironía amable de sus ojos grises. He descubierto que es griega.

Viene siempre a esta piscina. La otra, la típica *infinity* de los folletos, está en lo alto de una escalera empinada que no creo que pueda subir. Tiene muy mal las piernas.

Tampoco yo voy mucho allí. A veces, si ha hecho sol, subo al final de la tarde, cuando los últimos vientos del día arrugan el agua en los bordes y todos los azules del mundo se vuelven un solo azul. Entonces apoyo los brazos en el canto que da al mar y sigo atenta la caída del atardecer. Siempre hay bruma y todo se ve como entre lágrimas. Las grandes rocas negras. La detonación de espuma contra su espalda. El resto de las olas, las que no rompen, en su furiosa carrera de búfalos hacia la orilla. Enfrente, una hilera de altísimas palmeras grises que nada tienen que ver con las de los dibujos infantiles.

La playa se estrecha al final en una curva que la separa de la siguiente. Ese pasadizo estrecho, de luz pálida y delicada, me recuerda al túnel que describen los moribundos que no terminaron de morir.

El resto del día vengo a esta piscina, que es más pequeña, más redonda y menos obvia. No sé bien por qué. Está más recogida y hay menos viento. Me gusta, además, que esté rodeada de selva. Me siento más arropada por los árboles que por el cielo.

La inglesa y su novela tampoco se han movido. Ni Klaus, el adolescente recién llegado. Sigue escuchando música con sus cascos y la espalda muy recta en la tumbona del fondo. Debe de tener catorce años y estoy segura de que viene a esta piscina para escapar de sus padres y de su hermano menor, quien cada vez que lo ve corre detrás de él con las piernas torcidas gritando: *Klausi, Klausi, guck mal!* («Klausi, Klausi, ¡mira!»). La madre, de la que solo puede decirse que es madre porque no queda rastro en ella de lo que fue antes de serlo, persigue angustiada a su hijo pequeño, consciente, supongo, de que es el único niño alemán en la historia de los niños alemanes que chilla como si fuera de Lebrija.

Llegaron hace dos días y son amigos de la dueña. Oí cómo se lo decía en la antesala de los masajes la americana que todo lo sabe a la otra americana de la que se ha hecho amiga. Además de compartir nacionalidad, tienen las dos el mismo aire, perpetuo, de estar recién salidas de una clase de aeróbic. «Por eso los han dejado venir con niños», le explicaba a la otra con la saludable desafección de los gringos.

Klaus me crea ternura. Hace un rato, cuando bajaba detrás de él por el camino de las piedras asesinas, me entraron muchas ganas de abrazar a Pipe, mi segundo hijo. Tiene más o menos su edad y el mismo aire de transición, de fotograma borroso entre dos imágenes concretas.

La adolescencia, como la vejez, no es un estadio al que se llega después de subir o bajar una suave pendiente. No es un proceso paulatino. Un día el suelo cede, caes en un socavón y pasas a ser otro. Lo notas en el mal disimulado asombro de los que se encuentran contigo después.

Hace solo un año, Pipe era todavía un niño. Tenía la misma mirada con la que nació. Líquida, antigua, un oleaje suave entre la calma y la súplica. Buscando siempre algo al fondo. Un día de finales de invierno, en una conversación entre su padre y yo que no anticipaba nada especial, decidimos que le vendría bien irse un trimestre fuera. Desde que la decisión fue firme, empezó para mí una devastadora cuenta atrás. Aunque intentaba que no se notara, tenía ganas de llorar todo el tiempo. Me subía un sollozo por la garganta cuando lo dejaba en la puerta del colegio, con el jersey azul y la mochila mal puesta, y él se alejaba medio chocándose con todo el mundo mientras me decía adiós con la mano sin perderme la cara hasta entrar por la puerta. Me daban ganas de llorar cuando, de noche, escuchaba sus pasos de hámster bajando a la cocina a por galletas o cuando se tumbaba conmigo en el sofá rojo, tan pegado que podía contarle, uno a uno, los lunares de la cara.

«Ya verás lo bien que le viene; tres meses pasan volando, ser una buena madre es aprender a no estar...». Qué poco consuelan las obviedades. Qué poco han debido de dolerles las cosas a quienes creen que noventa días sufriendo es una medida aceptable de dolor. A mí me parecía inconcebible pasar tres meses sin que tocara el timbre a las cinco y media de la tarde, con esa expresión de despiste que tenía ya de muy niño cuando, al llegar a casa, le preguntaba: «¿Qué tal en el colegio, Pipe?». Y él me contestaba sorprendido: «¿El colegio? Si yo no he ido al colegio».

Los días previos al viaje él no hablaba casi y yo hablaba sin parar. No sé quién de los dos estaba más asustado. Imagino que él. No hablaba una palabra de inglés, era la primera vez que se separaba de nosotros y había crecido al abrigo de una hermana impaciente y resuelta que le sacaba las castañas del fuego incluso cuando quería sacarlas él.

La última noche nos tumbamos juntos a ver una película. A la mitad me di cuenta de que estaba llorando. En silencio, como lloraba siempre él. Tuve que hacer un esfuerzo heroico para no decir: «Al carajo, ya te irás a Irlanda cuando tengas ganas. Ya aprenderás inglés cuando sepas estar lejos. O no lo aprenderás, que para eso está ChatGPT».

Me incorporé, cogí aire y le consolé lo mejor que pude. Que si cuando superas un miedo te sientes invencible después; que hay que aprender a convivir con gente distinta, sobre todo si te cae mal; que los irlandeses son muy alegres, que parecen de Cádiz...

Él me escuchaba callado. La mirada de ciervo, esa luz dentro que parecía venir de otra orilla, de otro tiempo. «Y piensa que no tendrás que volver a estudiar inglés nunca más». Fue lo único que hizo efecto. Sonrió hipando. Lo abracé muy fuerte con la esperanza, absurda pero real, de volver a metérmelo dentro.

Al día siguiente fui con sus hermanos a despedirlo al aeropuerto. En la terminal de salidas, igual de asustados que él, había medio centenar de niños con el mismo letrero colgado al cuello. Pipe hablaba con unos y otros tratando de que no se le notara el miedo, pero de vez en cuando se giraba a mirarme y me sonreía con esa risa forzada que ponía también en las fotos. Cuando pasó el control de seguridad, se dio la vuelta, con la mochila mal puesta, y me dijo adiós como al entrar en el cole, agitando la mano hasta el final. No lloró, frunció la boca en un dique y me sostuvo la mirada, líquida y antigua, hasta desaparecer. Fue la última mirada de su niñez.

Cuando volvió a casa, uno de esos días crepusculares y bulliciosos de antes de Navidad, el Pipe que salió por la puerta era otro Pipe. Ya no le daba vergüenza llorar, le daba vergüenza quererme.

Hay épocas de la vida en las que no eres por completo. Habitas un ángulo muerto entre lo que has sido hasta entonces y lo que estás a punto de ser. El nacimiento del primer hijo, los viajes de ida y vuelta del singular al plural, esos volantazos vitales en los que coges un camino que no estaba en el mapa. El primer amanecer sin tu padre vivo.

Hay gente que pasa largas temporadas en esos pasillos, en esos terrenos fronterizos entre dos certezas. El artista, por ejemplo, vive en un estado impreciso entre la lucidez y el delirio. De hecho, los procesos neuronales de las personas altamente

creativas y los de aquellas que padecen algún tipo de esquizo-
frenia revelan similitudes asombrosas. También el anciano está
en tierra de nadie. Sigue aquí, pero ya ha empezado a irse. Conversa más con los ausentes que con los presentes y hace de la
memoria un anticipo. La inglesa lleva años instalada en otra
forma de indeterminación: entre la compañía y la ausencia, entre el nosotros y el nadie.

La pubertad es el primero de todos esos estados borrosos y
solitarios. Y, por eso, el más frágil. En el que más desnudo se
encuentra uno ante sí mismo. Antes de la adolescencia de mis
hijos me acordaba muy poco de esa vulnerabilidad. Recordaba
el por fuera: la Piedra, Busti, el Rubio y Menchu, mi primera
gran amiga, de ojos verdes y tristes. Me acordaba de la furgoneta de Richi y de bajar la cuesta de mi casa con las ventanillas
abiertas cantando muy alto a Camela. Me acordaba de todos
ellos escondidos en la depuradora de la piscina cuando llegaba
mi padre por sorpresa.

Sin embargo, se me había olvidado el por dentro: es muy
difícil reproducir sensaciones extinguidas.

Cuando Casilda y Pipe empezaron a hacerse mayores, todo
volvió a mi memoria. La intensidad y el romanticismo, el empeño feroz en salvar al débil, en reivindicar lo injusto. Recordé
que hubo una vez, antes de que todo fuera oscilante, en que
todo fue definitivo. Cada opinión, cada pelea, cada tristeza. He
revivido a través de ellos esa tensión agotadora entre querer ser
único y no querer ser distinto; la angustia, por un lado, de que
te miren los chicos en las clases de Educación Física porque tienes mucho pecho —el quedarte paralizada con el grito a lo lejos
de «¡Que va a correr Casilda!»— y, al mismo tiempo, esa misma
semana, tomarte dos Baileys en el Scruffy y subirte a cantar copla encima de una mesa. Ha vuelto a mí, intacta, la sensación de

no ser suficiente. De sentir que me falta gracia. A veces solidez, a veces ligereza. Y me he acordado de cuánto quise ser como mi madre aquella noche en que entró en el salón con una falda estrecha y un moño alto antes de irse a una cena. Estaba tan guapa y se rio de una forma tan bonita que sentí, junto al deslumbramiento, la certeza implacable de que nunca podría ser como ella. Nunca sería tan ocurrente. Ni sabría estar tan natural en las fiestas de Nochebuena, en las que todos bailaban y cantaban con ese algo desafiante que tiene el flamenco y que, para alguien tímido, es descorazonador. Tampoco sabría dominar las reuniones del otro lado de la curva, las de esa gente refinada e imperturbable que mantenía conversaciones ligeras como canapés en las que, sin embargo, desvelaba detalles de su intimidad, algunos terribles, con la misma ligereza con la que comentaría su última fiesta. Mamá también ganaba en ese juego. Y lo hacía con sus propias reglas. Era ingeniosa como ellos. Pero también tierna, inquisitiva, valiente y profundamente humana. La observaba a través de los demás. Desconcertados. Seducidos. Y deseaba con todas mis fuerzas poder ser así. Estar en Cádiz y parecer de allí sin que se notara forzado, saltar de la filosofía al barro en un abrir y cerrar de ojos. Deslumbrar desde una nube y después llegar a casa, ponerme una bata verde y hacer un pollo con ciruelas que sabía a su niñez y ahora sabe a la mía.

Fue importantísimo haberla observado tanto, haberla admirado tanto, haberla escuchado tanto. Me dio una dirección. Un fósforo en ese palpar el mundo a ciegas que es hacerse mayor.

Klaus acaba de echarse crema otra vez. Es blanco como una larva. Hay en la languidez de su cuerpo una especie de desánimo, de tristeza. El peso de una ausencia. Es la gran diferencia entre los adolescentes de su generación y los de la mía: nosotros no nos sentíamos solos. Más allá de la soledad basal de ese momento de la vida, de las incertidumbres, del descubrir cosas que crees terribles y que no sabes cómo gestionar, de lo privado e intransferible que resulta volver a nacer, no nos sentíamos solos. Se pertenecía a algo. Se existía bajo un paraguas: el del barrio, el de una pandilla, el de una forma de conciencia. Había ruido, roce, calle. Y un nosotros, aunque fuese torpe, incluso cruel.

En estos momentos, la adolescencia es, por primera vez en la historia, el estadio más solitario de la vida. Los estudios arrojan titulares muy claros al respecto: en Estados Unidos el número de personas sin amigos cercanos se ha triplicado desde 1985, especialmente entre los jóvenes (Forbes, 2017); en España uno de cada cuatro jóvenes de dieciséis a diecinueve años se siente solo —el 75,8 por ciento de ellos desde hace más de un año (Fundación ONCE / Observatorio Estatal de la Soledad No Deseada)—, una de cada cuatro chicas de quince años afirma sentirse sola la mayor parte del tiempo o siempre (HBSC/OMS) y uno de cada cinco adolescentes ha tenido pensamientos suicidas (Universitat Oberta de Catalunya). Detrás de estas cifras perturbadoras, cuando el texto se traslada de la estadística a la causa, se señala siempre lo mismo: la digitalización de la vida.

Sherry Turkle, socióloga y profesora del MIT, lleva años estudiando cómo los dispositivos digitales han cambiado nuestra forma de estar juntos. La gran paradoja contemporánea es, según ella, estar conectados pero solos. Las pantallas nos ofrecen la ilusión de compañía sin las demandas de la amistad; un vínculo sin fricción, sin paciencia, sin cuerpo. En lo digital uno puede editarse, ensayar, borrar, corregirse; y esa posibilidad tan seductora reduce el contacto con lo que Turkle llama el «corazón de la vida relacional»: lo imprevisible, lo torpe, lo no editable. En su charla en TED Talks, «Alone together», cuenta que muchos adolescentes le dicen que no quieren mostrar fallos, puntos vulnerables ni malas noticias ante sus amigos; que ese no parece el lugar adecuado para hablar de los problemas y mucho menos de los problemas graves. De modo que pasan horas «acompañados», compartiendo estado, imagen y rastro, pero guardándose lo esencial. Actualizan su vida como quien pule un escaparate: solo enseñan lo que los hace quedar bien, lo fácil de contar, lo que se puede publicar sin romperse.

Si su vía de comunicación principal —un adolescente pasa una media de cuatro horas al día en línea— no permite profundidad, ¿cómo no van a estar condenados a la pobreza afectiva?

Según Turkle, el gran problema de lo digital no es lo digital en sí, sino que ha desplazado la conversación real hasta reducirla a su mínima expresión.

Nosotros hablábamos. Con nuestros padres, que no vivían dentro de un móvil; con nuestros hermanos, con nuestros vecinos y con el del quiosco de abajo. Hablábamos por teléfono. Por sorpresa, sin tiempo para pensar, improvisando, aprendiendo a lidiar con los silencios y las vergüenzas. Y hablábamos, sobre todo, con nuestros amigos. Sin parar. Hasta que empezaba a amanecer. En esas conversaciones aprendimos a navegar por lo que sentíamos, a poner palabras a nuestros miedos y nuestras ilusiones, a saber quiénes éramos y quiénes queríamos ser. Fuimos aprendiendo a definir. Lo que no se nombra no existe, a veces ni siquiera para uno mismo. «Los límites de mi lenguaje son los límites de mi mundo», decía Wittgenstein.

La palabra ha ido perdiendo fuerza. Se la han comido la imagen, la abreviatura y el emoticono. Y la palabra tiene, entre otras cualidades, una poderosa capacidad para iluminar. El psicoanálisis, por ejemplo, orbita en torno a su luz. Esta escena que cuenta Freud en sus diarios lo explica a la perfección. En una ocasión, escuchó a un niño gritar en la habitación de al lado, angustiado por la oscuridad:

—Tía, háblame; tengo miedo.

—Pero ¿de qué sirve si no puedes verme?

Hay más luz cuando alguien habla.

En *El indomable Will Hunting*, casi al final, hay una escena preciosa: el terapeuta —interpretado por Robin Williams— está hablando con Will en su despacho. De pronto hay un silencio. Se miran. «No fue tu culpa», dice entonces el terapeuta, acercándose despacio al chico, que lo observa rabioso pegado a la pared. «No fue tu culpa», repite. Y dos segundos más tarde, cada vez más cerca. «No fue tu culpa». Will se enfada, se revuelve, pero el otro insiste: «No fue tu culpa». Al final, Will se resquebraja. Esas cuatro palabras acababan de abrir las puertas de su celda.

Además de rebajar nuestra capacidad de comunicarnos, la digitalización ha cambiado nuestra relación con la sensorialidad, con el cuerpo, con la presencia de los sentidos. Ningún progreso anterior, ninguna revolución tecnológica previa, nos había enviado a vivir a una realidad paralela, a ese ultramundo del que habla Alessandro Baricco en *Los bárbaros*. Seguíamos aquí. La cabeza y el cuerpo —la atención y el mundo— no vivían permanentemente disociados. Te subías a un coche y había un paisaje entre un punto y otro. Cuando empezaba la primavera te tumbabas en el césped del parque a mirar las nubes pasar y notabas la hierba pinchándote la espalda, las moscas y ese augurio de felicidad que trae consigo el primer calor. Estabas en el mismo sitio que tu cuerpo, sin la atención secuestrada. Y por eso, porque no estabas absorto en una pantalla, mirabas a tu madre cuando una noche cualquiera entraba en el salón antes de irse a una cena. Y la admirabas, y tu cabeza empezaba a trazar la ruta para llegar hasta allí.

Cuando uno se va, se va también la atención y, cuando se va la atención, se va la experiencia. En las conversaciones de verdad, en las de antes, no estaba solo el lenguaje; estaba el cuerpo: el olor del otro, el gesto, la risa de cerca, la fricción y, sobre todo, la mirada. Una mirada sin elaborar, sin filtrar, sin editar: una mirada real. Y fuera como fuese esa mirada (tibia, hostil o compasiva), te daba un marco, un contexto y una dirección.

Sin lenguaje y sin cuerpo, los adolescentes están muy desarmados en un mundo que, además, es más volátil que nunca. El trabajo es una entelequia; Dios, un *hit* de Rosalía; la familia, una moneda al aire; el género, una comunidad política, y la verdad, quién sabe ya qué es la verdad. En este contexto de incertidumbre, la libertad pierde valor y pasa a ser otra forma de intemperie. Y en el eterno pulso entre ella y la seguridad, la segunda gana fuerza. Primero, porque, sin criterio, determinación, fortaleza y rumbo, la libertad, que es un caballo salvaje, tira a cualquiera al suelo. Segundo, porque ¿para qué quiere alguien libertad si no puede soñar con nada, si la línea del horizonte está hecha de pompas de jabón?

En ausencia de todo lo demás, los sueños siempre han sido una gran forma de compañía.

Lo verdaderamente trágico de esta época no es que los adolescentes estén solos. De hecho, muchos de ellos aseguran sentirse solos sabiendo que no lo están. El drama es que no tienen con qué acompañarse por dentro.

Cuando salgo de la piscina me tumbo en la única hamaca libre del jardín de la izquierda, el que está encima de la playa pequeña. Desde allí la vista es mucho más que una bonita postal. El océano, imponente y deshabitado, reparte en azules distintos lo eterno y lo mortal. Por eso es difícil encontrar un sitio para tumbarse. Existe también un acuerdo tácito que favorece a quienes están en tratamiento contra el estrés o la ansiedad. Se los reconoce porque llevan un turbante blanco. Durante las cuarenta y ocho horas de tratamiento no pueden hablar ni mirar el móvil, ni siquiera leer. No pueden recibir más información del exterior que la de la naturaleza.

Son las nueve y media de la mañana, pero hace tanto que empezó el día que parece mucho más tarde. Salvo las nubes, blanquísimas y pizpiretas, todo pasa lento, casi inmóvil. Klaus se ha levantado al fin y se ha sentado al borde de la piscina con los brazos flexionados y las manos apoyadas en el suelo. Al inclinarse hacia delante, los huesos de la espalda se le marcan como a los perros vagabundos que trotan por el borde de la carretera. La inglesa pasa por detrás como una aparición. Está dando otra de esas vueltas erráticas que da cuando se cansa de leer. De su marido no hay rastro. Va a la otra piscina con la gente normal, la que no vive en los pasillos, «esa gente aterradora —como decía Carl Jung— que se acepta por completo a sí misma».

En un momento dado, el muchacho gira la cabeza hacia su derecha y se le relajan los hombros. Sonríe. No puedo ver a quién, pero diría que a la griega. Hay cierta afinidad entre ellos, un espacio común que tiene que ver con lo que les queda de niñez. Klaus se pone de pie y camina hacia ella. En el extremo de mi campo de visión, se agacha y lanza un silbido. Seguramente haya un insecto paralizado en la baldosa caliente. Ella siente verdadera fascinación por la vida pequeña. Tiene un libro viejísimo que lleva a todas partes lleno de escarabajos, mantis, mariposas, antenas, ojos y caparazones. Lo más intrigante es que escribe cosas en él en los momentos más insospechados; antes del postre, por ejemplo. Daría lo que fuera por saber qué anota ahí.

Una ráfaga de viento me trae su voz áspera, su inglés lleno de vocales largas: «¿No es precioso? Es verdaderamente una miniatura prehistórica».

Cansada de forzar la postura para mirar, me tumbo en la hamaca y abro *El lobo estepario*, del que leo fragmentos entre novela y novela porque ilumina como ningún otro la soledad como grieta central de lo humano. Me doy de bruces con este párrafo:

Hay bastantes personas de índole parecida a como era Harry; muchos artistas, principalmente, pertenecen a esta especie. Estos hombres tienen todos dentro de sí dos almas, dos naturalezas. En ellos existe lo divino y lo demoníaco, la sangre materna y la paterna, la capacidad de aventura y la capacidad de sufrimiento, tan disueltas y confusas lo uno junto y dentro de lo otro como estaban en Harry el lobo y el hombre.

Le doy la vuelta a la página y en ese momento, como recién salido del libro, el artista aparece en la piscina por primera vez desde que llegó. Indolente, con las gafas negras y los tatuajes en todo su esplendor. Lo cierto es que, en bañador, es más estepario que lobo. El pecho ya no es el de entonces, la cintura tampoco. Sin embargo, domina la escena como todos los que llevan muchos años moviéndose en el olimpo. Entra en la piscina sin detenerse y nada con elegancia, empujando el agua sin esfuerzo. Brazadas precisas y un giro limpio que lo impulsa con fuerza hasta el centro. Hace cuatro o cinco largos y, al terminar, se sacude el pelo con un gesto rápido, como los surferos de la playita de Cádiz. Sale del agua con agilidad, se seca las gafas blindadas y, con el mismo desinterés sensual de todo lo anterior, se tumba en una hamaca mirando al mar.

Se le nota cómodo detrás de su máscara. Es la alambrada perfecta entre él y el mundo. Hay gente que cree que los que viven expuestos se sienten solos e incomprendidos detrás de esa valla. «Pobrecillos —he escuchado mil veces—, debe de ser muy triste que nadie te conozca de verdad y que solo te quieran por ser quien eres». «Ser quien eres» es, en general, un concepto escurridizo. De alguna manera todos nos subimos a un escenario cuando entramos en un espacio público. El sociólogo Erving Goffman escribió un libro, *La presentación de la persona en la vida cotidiana*, en el que proponía un modelo dramatúrgico para entender el comportamiento humano. Todos actuamos, todos nos vestimos para el mundo, decía él. El que es sensible en un barrio de chulos se disfraza de tipo duro. Hay grandes tímidos que se esconden en el exceso, mujeres muy listas que prefieren pasar por tontas y encantadores directores de hotel que son unos déspotas con quienes trabajan a su cargo. Dice Olivia Laing en *La ciudad solitaria* que la máscara mitiga la carga de que nos vean. Son muchas las veces en las que todos, no solo los famosos, queremos que nos vean un poco menos. O que nos vean distintos y nos quieran más, y nos admiren más. Y ese anhelo de esconderse, de travestirse, también forma parte de uno mismo.

Lo que quiero decir es que no tiene ningún sentido sentir lástima de las estrellas por sus corazas, salvo que eso nos sirva como premio de consolación a los que no somos nadie. Esas armaduras y lo que representan también son ellos. Una parte, sí, pero ¿quién no se pasa media vida siendo solo una parte? «Todo es máscara», decía Nietzsche.

Estoy segura de que, de todas las personas que hemos pasado hoy por esta piscina, no hay nadie más descifrado y arropado que él. Probablemente sea el único de todos nosotros que pueda permitirse ser absolutamente quien es, sin concesiones. Por el simple motivo de que, a las estrellas, siempre y cuando mantengan su brillo, nadie las abandona.

La soledad de los triunfadores, en mi opinión, tiene más que ver con otra cosa. En primer lugar, está el vacío del poder: en la cumbre siempre se está solo; todas las decisiones y todas las bocas dependen de ti. En segundo lugar, está el vacío a secas: hay una soledad que no es hambre, sino indigestión. Todo se ha conseguido, todo se ha conquistado, y el músculo del deseo, que crece en la espera, se ha ido debilitando: hace ya mucho tiempo que apenas hay distancia entre el querer y el tener. Escapando de ese hastío entran en la espiral del exceso: más ruido, más cuerpos, más velocidad. La vida, si va rápido, parece más vida. Pero esa huida termina de complicar las cosas. En su última derivada, la incapacidad de desear culmina en la incapacidad de sentir. Ni mucha alegría ni mucha tristeza. Solo un hueco. Y, como decía Camus, no ser amado es una simple desventura; la verdadera desgracia es no amar.

En los que son creadores, hay otra soledad conviviendo con esta. La de la duda. No hablo de la soledad del proceso creativo, que, como he dicho ya varias veces, es una soledad bonita, llena de impulso, de aventura, de juego. De libertad. Cuando se está creando, en ese interludio en el aire no estás solo: estás bailando con tu propia obra.

La soledad difícil es otra.

Una tarde en Cádiz, poco antes del viaje que me ha traído aquí, tuve una revelación. Estaba en la playa de delante de mi casa, Santa María del Mar, una pequeña bahía delimitada a los dos lados por un espigón. Esa mañana había estado escribiendo precisamente este capítulo y no paraba de darle vueltas a cómo explicar con una imagen dónde se aloja la verdadera soledad de la creación. La difícil, la que duele, la que puede volverte loco. Estaba sentada cerca de la orilla. A mi derecha, el espigón. A mi izquierda, el pegajoso tumulto del verano en las playas del sur. Las sillas plegables, las sombrillas ya cerradas, las pelotas, las palas, los niños con la boca azul del polo, los adolescentes en círculo, el humo dulce de los cigarros y los gritos de todos ellos rebotando contra las últimas horas de luz.

Al otro lado del espigón no hay playa, solo mar. Un mar claro y limpio con la catedral de fondo. Allí ya no se hace pie. Mano a mano con lo hondo y la propia respiración es donde se calla el tiempo y aparece lo demás.

Entonces lo vi claro. Si la soledad no estaba aquí, en lo cotidiano, ni tampoco allí, en lo fecundo, solo podía estar en las rocas, en el intermedio. La soledad dura es la del espigón, la del tránsito. Es ahí donde se llenan de heridas los pies. Cada vez que cruzas.

En el camino de ida está la soledad del encierro. No es muy distinta de la del opositor. Ese hastío desesperado de cuando, el día 278, abres los ojos al despertarte y piensas: otro día exactamente igual que ayer. El mismo cuarto, la misma vela, la misma tortilla francesa. Escribir, solo eso. Tú y tu respiración. Y estirarte como un gato al acabar. Está la soledad abatida de las horas muertas, esas en las que no sale nada, en las que no llega nada. Llevas toda la mañana enredada en el mismo párrafo, te levantas, das una vuelta, vuelves otra vez a la nevera. Entonces, de nuevo en el salón, abres la ventana por hacer algo y, como vives a pie de calle, oyes a la chica que pasea al perro quedando para este viernes. «¿Cuándo es viernes?», te preguntas. Y tardas un rato en ubicarte. Los días se amontonan desordenados sobre la mesa negra en la que escribes, perdidos entre la pila de libros que no has podido terminar de leer, el cenicero con las colillas y todas esas llamadas que tienes pendiente devolver. Si hay suerte, antes de la comida nadas un rato en el mar del otro lado, como volando, es verdad, pero luego hay que volver. Cruzas descalza. Los días buenos solo te traes de vuelta las dudas. Está demasiado apretado. Falta aire, luz. Estás tratando de abarcar demasiado. Tenías que haber dibujado un círculo con la historia, no una línea. A todas esas páginas les sobra grasa y les falta músculo. Pero no, no corrijas ahora, vomítalo todo, ya corregirás después. No puedes pasarte las horas enredada en lo pequeño, anteponiendo el estilo al sentido: puede que pierdas los dos. Elévate, míralo desde arriba. La estructura, eso es lo que importa ahora: el ritmo. Cambia el orden de los capítulos. O fúndelos entre sí. De ninguna manera puedes escribir sobre el miedo, después sobre el vacío y, como fabuloso fin de fiesta, sobre la muerte. No hay quien aguante tanta oscuridad. ¿De sexo? De sexo mejor no. O sí. Tú eliges. Proteger la sensibilidad de tus hijos pequeños y de tu madre mayor o reivindicar tu libertad. En cualquier caso, todo el libro es demasiado íntimo. ¿Había necesidad? Virginia Woolf odiaba a los escritores que hablan de sí mismos. «Me pongo colorada y nerviosa —decía—, paso del calor al frío. Me dan ganas de cubrir esta falta de decencia con una cortina». ¿No te pones colorada tú? Y otro cigarro. ¿Y quién va a querer leer un libro sobre la soledad? Y Currito bajando a contarte llorando que Juan le ha roto la peonza. Y Juan bajando a continuación a defenderse. Y tú pensando otra vez que quizá quienes creamos vida no deberíamos crear nada más. Que a lo mejor la creatividad es solo un sustituto de la creación. Pero eso mejor no lo pongas, que se van a enfadar.

Eso, como digo, son los días buenos. Los malos, los que tienes que escribir de la muerte de tu padre, cruzas de vuelta vacía. Completamente vacía y con todos los pies sangrando. Y vuelves a pensar: ¿merece la pena? Y vuelves a abrir la ventana porque es otoño otra vez. El almendro ya está sin hojas, la chica de pelo largo sigue paseando al perro, cierras los ojos para respirar mejor el aire que tanto echas de menos y te entran unas ganas rabiosas de la otra tú, de la que se ríe, se pinta los ojos y se alivia de sí misma en los demás. Y te preguntas de nuevo si merece la pena, si tiene sentido sabiendo, como dice Bolaño, que vas a ser derrotada.

Entonces ves la foto de tu padre en el móvil, en la que está despeinado y sonríe enigmático. Lo oyes claro y sabio como aquella vez: «Sigue, no mires a los lados, tú solo sigue». Y te acuerdas de cuando subía del estudio a cenar y tenía los ojos como asustados, y se los frotaba una y otra vez, como la lámpara de Aladino, esperando que así le saliera de dentro aquel bicho, ese tirano que lo devoraba desde dentro y al que, como a un bebé a punto de nacer, se le notaban los puños queriendo atravesar la piel.

Él seguía, siempre seguía.

¿De verdad te merece la pena?

No lo sé, pero hace poco, en medio de todo este encierro, encontré una cosa de Mary Oliver escondida entre las rocas del espigón: «Las personas más desdichadas del mundo son aquellas que sintieron la llamada creativa, ese impulso obstinado e inquieto, y no le dedicaron tiempo ni esfuerzo».

Y, entre nosotros, quizá escribir no, pero qué felicidad haber escrito.

Siempre me llama la atención lo normal que resulta todo justo antes de lo extraordinario. Salvo por los grandes nubarrones, cada vez más oscuros y veloces, la mañana transcurre lenta, casi quieta. La inglesa finge leer. El famoso dormita. Klaus sigue con los cascos puestos agitando las piernas dentro de la piscina y la griega mira fijamente un tronco en la espesura verde a mi izquierda. Yo acabo de dejar el libro a un lado porque me ha entrado sueño. Escucho a lo lejos el viento moviendo los árboles, los frutos que caen de las ramas, el crujido de las hojas bajo los pies invisibles de algún animal y el mar llegando, retirándose, respirando indiferente y exhausto como un viejo titán.

De pronto, un grito. Me incorporo asustada. Klaus está de pie, señalando un punto entre los árboles. Algo grande se agita allí dentro. Las ramas empiezan a abrirse, como si estuvieran pariendo, y del interior sale un mono del tamaño de un niño de diez años. No es un gorila ni un orangután. Es de la misma especie que los demás monos de la zona, negro y con cresta blanca, pero de un tamaño descomunal. Da un salto hasta la rama más baja, a metro y medio del suelo, y se queda parado con la misma tensión en el cuerpo que un asesino a sueldo. Los ojos, fijos y brillantes, no parpadean. Entonces curva un poco más la espalda y empieza a gritar de una forma que me hiela el cuerpo. Es un bramido amplificado que llega desde todas partes a la vez.

Todo se queda callado. En *mute*.

No lo veo bien porque está a unos quince metros de mí, pero tengo la sensación de que me mira a mí o al menos en mi dirección. Las manos empiezan a sudarme. «No puede ser, no puede ser que este vaya a ser mi final: asesinada por un mono en un balneario. Es tu culpa. Por osada, por creer que la selva es solo una foto de catálogo. Una *story* de Instagram».

El animal hace algo con la boca, la pliega y enseña las encías, abultadas y húmedas. El corazón se me sube a la garganta. Me enrollo el cuerpo con el pareo, que se me pega a la piel. Entonces el mono agarra la rama con unas manos oscuras y tremendamente humanas y empieza a saltar sobre ella con una fuerza angustiosa, como si golpeara el aire para abrirlo. El pecho le sube y le baja como un pistón, y grita sin parar. Un bramido otro y, en medio, un carraspeo seco, como si intentara arrancarse algo de la garganta.

Valoro tirarme a la piscina, pero una vez dentro ya no tendría escapatoria.

Todos nos hemos levantado de las tumbonas y miramos paralizados al mono. Klaus está a punto de llorar. La griega, que se ha dado la vuelta desde el otro extremo del jardín, se agarra con fuerza a su bastón apretando muy fuerte la boca. El resto, instintivamente, nos hemos ido acercando los unos a los otros. Ya no somos los solitarios de la piscina, los de los pasillos, los que no se aceptan por completo a sí mismos. No hay inglesa defraudada, ni artista distante, ni adolescente melancólico. Somos mamíferos asustados intentando formar un escudo contra el enemigo.

El artista, que se ha quitado las gafas, me hace un gesto seco con el brazo, urgente:

—Vete de aquí —me dice—, aléjate.

—¿Yo? ¿Por qué? —pregunto muy bajo apretándome más el pareo.

—Quiere tener sexo contigo.

La frase me parece tan absurda que pienso haber entendido mal.

—¿Conmigo? —respondo—. ¿Por qué conmigo? A lo mejor es con la inglesa. O contigo.

Él ni pestañea. Camina hacia atrás sin perder de vista al mono, como si hubiera un diálogo entre su mirada y la suya.

—Te está mirando a ti.

De pronto me entran unas ganas terribles de reír. Me resulta muy cómico el artista con esa postura de Cocodrilo Dundee y el que un mono quiera aparearse conmigo. ¿Habrá visto en mí a la rubia guapa de *King Kong* o a un gorila hembra? Me muerdo los cachetes para que no se me escape la risa.

La bestia vuelve a saltar en la rama y el artista insiste:

—Vete. Y no lo mires. Está en celo.

—¿Me estás hablando en serio?

—Sí.

Por primera vez era humano. Hasta le había cambiado la voz.

—Estoy seguro de lo que te digo. He visto muchos documentales sobre monos.

Entonces me salgo de mí. Me pasa a veces cuando tengo miedo: me disocio y contemplo las cosas desde otro lugar. Al vernos desde arriba me doy cuenta de que no somos casualidad. Vistos desde lejos no somos manchas sueltas, sin sentido. Formamos un dibujo: no sé si es el trazado natural de la humanidad cuando la tragedia une los puntos —«todas nuestras diferencias se disuelven en el temblor», decía Virginia Woolf— o si ya antes formábamos un patrón. Quizá no vengo aquí porque la piscina está resguardada del viento o porque me cae bien el chico que sirve el agua en la palapa. A lo mejor hay una inercia que me trae a esta piscina y los trae a ellos también. Una corriente subterránea de reconocimiento, de afinidad; la misma fuerza magnética que hace que en un río unas hojas se orillen aquí y otras allá. Allí estamos todos los que vivimos sin paraguas, a la intemperie. Sin pertenecer a una clase, a una categoría, ni siquiera a una edad. Somos esos niños que no juegan al fútbol en el patio. Los de los puentes y los espigones, los que viven cruzando. Los que no estamos adscritos a ninguna nitidez. Ni solos ni acompañados, ni cómodos ni expulsados, ni enteros ni rotos.

El mono sigue allí, mirándonos, pero ha dejado de saltar. La rama se queda quieta. Esa pausa es lo más aterrador hasta ahora. ¿Hacia dónde será el salto definitivo? De pronto se da la vuelta y desaparece entre las hojas tan rápido que por un instante parece no haber existido. Pasan los segundos. Nadie habla. No estamos seguros de que se haya ido, de que no vaya a volver.

Cuando han pasado unos minutos, la griega camina hacia nosotros cojeando más que de costumbre. *Oh, my god!* —viene diciendo—. *Oh, my god!*

Hablamos un rato entre todos con la clásica conversación aturullada que viene después de algo así: «¡Qué barbaridad!», «Hay que hablar con recepción», «Pero ¿qué era ese mono? No sabía que existían monos de ese tamaño», «Por un momento he pensado que nos mataba».

Después la piscina vuelve a quedar en silencio. El artista regresa a su hamaca, Klaus se pone otra vez los cascos y la inglesa da otra vuelta, esta vez menos errática.

Recojo mis cosas, tengo que ir a los tratamientos. De camino, por la cuesta que sube al hotel, por el sendero de las piedras que pinchan, me acuerdo de lo que dijo la escritora Olga Tokarczuk cuando recogió el Nobel: «Tal vez deberíamos confiar en los fragmentos, ya que son fragmentos los que crean constelaciones».

El fin del amor

Entre la pena y la nada, elijo la pena.

William Faulkner

No han pasado ni seis meses desde la primera ruptura y, sin embargo, mi memoria ya la ha relegado al color anterior de mi vida, ese azul hermoso y cansado de las últimas horas del día.

Era finales de febrero, poco después del aniversario de papá. Debían de ser poco más de las diez. Él estaba de pie al lado de la ventana, se acababa de duchar y el cuarto olía a champú. Yo seguía en la cama, con el camisón enfriándose y un temblor en la mandíbula.

It is what it is, había terminado diciendo.

Todo el rato miró hacia fuera: el cielo blanco, las cuatro torres, las verbenas bailando en las macetas de la terraza.

El chatarrero daba vueltas por las calles de alrededor y, por dentro, yo iba repitiendo cada frase detrás de él: «El chatarrero, oiga. A la puerta de su casa. Estufas, calderas, lavadoras. Ha llegado el chatarrero».

Al principio no hubo sufrimiento, solo confusión; el mismo aturdimiento de cuando te das la vuelta en la orilla y te encuentras la ola ya encima. Me quise meter debajo. Taparme con la colcha y sacar la cabeza dos años después. Evitarme el último abrazo, el «vete con tu madre, no te quedes aquí sola», las pisadas rápidas escalera abajo y el motor de la moto cada vez más cerca del silencio. Ahorrarme el interminable supurar de la pena.

Se nos olvida. Desde la tribuna de la estabilidad y lo razonable, desde las vastas llanuras de la madurez, se nos olvida cómo duele. Y se nos olvida quizá porque, como me dijo el compositor Manuel Alejandro aquella tarde en su casa de El Puerto de Santa María frente a un vino de Jerez, «la gente ya no se enamora como antes».

Hasta que te vuelve a pasar. Entonces descubres de nuevo que, en cuanto a virulencia, neurosis y agonía sentimental, hay muy pocas cosas a la altura del desamor. No es que se rompa la historia, es que te rompes tú. De entre las costillas se abre una bajante hacia el vacío que, al caer, lo arrastra todo consigo, y, al subir, te mete el vacío dentro. Se pierde también de vista la terrible soledad del sufrimiento, su hermetismo. Solo a ti te duele lo que te duele. Da igual lo acompañado que estés, la de veces que te llamen o vayan a visitarte. Te escucharán, te cogerán la mano y lo sentirán de verdad, pero el dolor es intransferible. No hay manera de repartir la carga. Tú sabes que, cuando se vayan, en el momento en el que salgan por la puerta y se monten en el coche, alguien los llamará por teléfono, se reirán, irán a comprar tomates y después cenarán con la tele de fondo y el corazón a salvo. En las tinieblas estás tú solo. Cuando te desvelas a las tres de la mañana sudando de angustia, estás solo. En las mañanas negrísimas en las que por puro instinto de supervivencia haces el esfuerzo de buscar una puerta de salida y te das cuenta de que alrededor de tu cama no hay más que una ciénaga, vuelves a estar solo.

La vida sigue, dicen. No es verdad. El movimiento crea un espejismo de vitalidad, pero solo es eso: una ilusión. No hay vida en las hojas secas de los remolinos ni en la embestida de las olas contra el muelle las tardes de temporal. El otoño y el Atlántico existen, avanzan, incluso bailan, pero no tienen pulso. No, la vida no sigue. Se para.

No había vuelto a acordarme de todo aquello hasta esta misma mañana. Con la reconciliación metí el dolor en un cajón para proteger el reencuentro. Después de la segunda ruptura no quise abrirlo más. Me pasó lo mismo que con aquella herida que me hice un verano en Cádiz cuando choqué el pie con el filo de una loseta y se me levantó la uña del pulgar. Sangraba muchísimo. Me dio tanta impresión que no pude mirar. La vendé con la cabeza vuelta hacia la puerta del baño y no volví a destaparla. Hasta que mi hermana Chía —que dormía conmigo— no notó el olor y se lo tuve que contar, la herida no volvió a ser realidad.

Solo hoy le he quitado la venda al pulgar. ¿Por qué hoy? No lo sé. Supongo que soy de esa clase de personas para quienes acordarse de lo que duele no es un proceso decreciente o un declive gradual. Al revés. Mi memoria sentimental es una soleá por bulerías. Empieza bajito y se va calentando hasta un frenético y largo fin de fiesta. Llevo aquí once días sin tenerlo en la cabeza más que como una sombra que pasa de refilón cuando abro los ojos por la mañana y antes de cerrarlos de noche. Pero hoy se me ha aparecido ya tres veces.

No me toca el turno de tratamientos hasta mediodía, así que después de desayunar he bajado a andar a la playa, he cruzado el estrecho de los moribundos y he llegado a la playa contigua, tan brumosa y plateada como la anterior. Hace una mañana bonita. La arena está seca, así que me he sentado en la orilla, entre guijarros, espinas y algún pez muerto. Distraída, he empezado a tirar piedritas al agua. Estaba absorta en el breve arco que dibujaban las piedras hasta desaparecer cuando, de pronto, la pregunta se ha abierto paso en mis pensamientos como una punta de alfiler: ¿quién me lo iba a decir?, ¿quién me iba a decir entonces que solo seis meses después ya no quedaría nada? Que del monótono álbum del dolor no conservaría más que un puñado de cromos… No sé bien qué es lo que me ha llevado a él. Quizá hayan sido las manos del camarero que me trajo el té en el desayuno: jóvenes, fuertes, bonitas. Como las suyas. O quizá es que, cuando las mareas que llevo dentro están tan en calma, echo de menos cualquier forma de oleaje, incluso el del desamor. Así que ahí estoy, mirando uno a uno los cromos.

Marta y María en el sofá azul, con la bolsa amarilla de patatas fritas. Yo enfrente, sin poder hablar. Otro cromo: la película del muerto, su familia inglesa y el amante enano. Creo que me acuerdo de eso porque durante mucho tiempo fue la única vez que me reí.

En otra de las imágenes me veo montando en bici por el camino del río, escuchando podcasts de autoayuda y teniendo que parar cada diez minutos para apartarme las lágrimas porque no me dejan ver. «¿Qué es esto? —pensaba, asustada—, ¿qué exactamente de todo este mejunje de ecos primitivos, lesiones sin identificar, piruetas químicas y juegos de espejos que es el amor hace de su ausencia algo tan tiránico, tan irrespirable?».

Hay dos pérdidas distintas cuando alguien a quien has querido desaparece. Está, por un lado, la pérdida del otro, de su presencia, del plural. La ruptura con la costumbre, que es, como decía no sé quién, el órgano más fiel del amor. En otro plano, no sé si arriba o abajo, está la orfandad de esa pasión. El quedarte con el corazón latiendo en las manos y no saber qué hacer con él.

A veces coinciden y a veces no.

La noche antes de volar a Colombo cené en Madrid con un viejo amigo, periodista, que habla sin parar. Nunca de emociones, ni de anécdotas, ni de matices. Solo da datos. Estadísticas, porcentajes, lo que dicen el BOE, la OMS, la Universidad de Wisconsin y el enviado especial del Sahel. La primera media hora es interesante, porque articula la información en torno a alguna premisa, pero al cabo de un rato es imposible no desconectar. Lo bueno es que no lo nota nunca.

Durante esa cena me distraje mirando al grupo de mujeres que tenía sentadas a mi izquierda. Dos señoras de unos setenta y tantos años con sus respectivas hijas. Muchos anillos, esqueleto elegante, «ideal», «fachón» y «Comillas». Una de las señoras llevaba peluca y el asunto ocupó, con forzada ligereza, buena parte de la conversación. Lo lograda que estaba, lo bien que le quedaba, lo cómodo que debía de ser no tener que peinarse. Ella sonreía en silencio. Agradecida, cansada, sola.

Nos trajeron la cena y tuve que volver a mi mesa. Cuando pude prestar de nuevo atención, una de las hijas le estaba recriminando algo a su madre:

—Es que no es verdad, mamá, no te puedes sentir sola porque no hay un solo día en que no estemos alguno de los tres contigo, y, si no estamos nosotros, está alguno de tus nietos.

—Bueno, pues me siento sola, qué quieres que te diga —respondió la madre mirando a su amiga en busca de complicidad.

Se produjo entonces una pausa cargada de deudas y, al final, la madre añadió bajito, enrollando en el índice su cadena de oro:

—Desde que él murió estoy sola.

En ese momento, el foco de la escena se redujo a las dos señoras mayores:

—Tú entiendes perfectamente la clase de soledad a la que me refiero, ¿a que sí?

La otra, que tenía cara de fumadora y una de las miradas más tristes que recuerdo, asintió muy despacio. Luego cambiaron de tema.

La soledad de perder a alguien con quien has compartido una vida no necesita explicarse. Incluso aunque la historia no haya sido memorable, aunque haya soportado crisis, cuernos o épocas interminables de un tedio parecido a la muerte. Pierdes a la persona con quien te has ido haciendo. La persona que ha visto cambiar tu cara de la ingenuidad al desencanto, que sabe cómo arrastras las zapatillas y que de noche, a eso de las tres, empiezas a toser. Que conoce la intención de tus silencios y sabe dónde te va doliendo la edad. La persona que te dio la mano en la muerte de tus padres y en el nacimiento de tus hijos, y que, en ese reclinatorio que es una cama a oscuras, te ha escuchado proyectar, arrepentirte, perdonar y arder. Ese otro a quien has podido hacer mentalmente culpable de un montón de cosas que eran, en realidad, asunto tuyo. Y que, en ese territorio incierto que es la vida, era el caminito resguardado que seguir. La persona en quien delegaste la parte de la vida que a ti se te atragantaba: lo social, lo burocrático, el jardín. Alguien, en fin, que, como me decía Alejandro cuando estábamos casados, forma una frontera indivisible contigo. Llega un momento en que es imposible saber dónde acaba uno y dónde empieza el otro.

Perder eso, esa extensión de ti, te deja perdido, incluso biológicamente perdido.

Florence Williams, periodista norteamericana especializada en ciencia, tiene un libro —*Heartbreak,* aún sin traducir al español— en el que investiga la relación entre nuestras células y nuestras pasiones. Empezó a escribirlo el día en que, por error, abrió un correo y descubrió que su marido, con quien había empezado a salir en la universidad, se había enamorado de otra mujer: «Sentí como si me hubieran hachado el corazón —cuenta—, como si me faltara una extremidad o estuviera a la deriva en un océano. O en medio de un bosque aterrador. Me sentí en peligro».

A partir de ese momento su salud empezó a deteriorarse: el sueño, la energía, la piel. Seis meses más tarde le diagnosticaron una enfermedad autoinmune. Y se puso a investigar. Como tenía acceso a neurólogos, psiquiatras y médicos de todas las especialidades, entrevistó a muchos de ellos para tratar de entender cómo era posible que una pérdida emocional hubiese desembocado en un proceso inflamatorio. Le dio la respuesta Steve Cole, profesor de medicina, psiquiatría y ciencias bioconductuales en la UCLA. Cole, que lleva décadas investigando la genómica social —es decir, cómo lo relacional entra en el cuerpo mediante la regulación de los genes—, le explicó que, cuando nos abandonan, nuestro cuerpo no lo registra solo como tristeza, sino como peligro. Durante miles de años, quedarse solo equivalía a quedar expuesto: ataques, hambre, intemperie. Aunque de un modo mucho más evolucionado, la soledad sigue creando en el plano instintivo la misma impresión de desprotección. El mismo miedo. La misma sensación, irracional pero exacta, de muerte inminente. Y cuando existe sensación de amenaza, los marcadores de inflamación suben.

En mi opinión, esta teoría hace aguas por un sitio: no distingue entre quienes al acabarse una historia siguen enamorados y quienes ya no. Y el desenlace no tiene nada que ver.

Florence Williams seguía enamorada de su marido. La mujer del restaurante también. Tanto que ni la presencia de sus hijos ni la de sus nietos llenaba ese hueco. Eran su manada, pero no bastaban. Tampoco a la reina Victoria de Inglaterra, que pasó cuarenta años de luto, la consolaron en absoluto sus hijos cuando murió el príncipe Alberto. No solo había sido su gran amor; también fue, en sus propias palabras, su mayor consejero: «No hallo ninguna compensación en la compañía de mis hijos —escribió en sus desgarradores diarios—, pocas veces me encuentro a gusto con ellos. Me pregunto por qué ha tenido que dejarme Alberto y ellos continúan a mi lado». La pequeña Beatriz, la última de sus nueve hijos, tenía entonces cuatro años.

Hace un tiempo me subí a un taxi con un conductor muy dicharachero. Me estuvo contando que había estado casado treinta años y que tenía tres hijos, ya mayores, con unos trabajos buenísimos que me describió con tanto detalle como orgullo. Cuando el último de ellos se fue de casa, se divorció de su mujer. Después de contarme aquello, me buscó la mirada por el retrovisor y preguntó: «¿Sabes cuáles han sido los dos días más felices de mi vida? El de mi boda y el de mi divorcio».

A ese señor, de cara ancha y satisfecha, no se le habían activado los marcadores de peligro. No se sintió abandonado, desprotegido ni amenazado. ¿Por qué? Porque en él ya no quedaba amor.

Pienso entonces en la inglesa. Imagino que un día, dentro de unos años, cuando sus hijos —si los tiene— sean ya mayores y le baste con su sueldo para tomar una decisión, le dirá al inglés que se marcha, que ya no le basta con que la espere en la puerta de un restaurante para dejarla pasar. O que la decisión la toma él, da igual.

Pasará un tiempo perdida tratando de encontrar su sitio en el volver a empezar. Reparando las heridas de todos aquellos años sin existir. Y un día cualquiera, al salir de su trabajo en Leeds, un compañero la invitará a tomar una cerveza. Se sentarán en la mesa de la ventana, contemplando la lúgubre niebla del río, y él la escuchará atento, cálido, con un colibrí dorado en la punta de la nariz. Al calor de esa mirada, a la inglesa se le secarán al fin las plumas. Esa tarde, casi de noche ya, conducirá de vuelta a casa sonriendo, escribiendo mentalmente ese guion perfecto que son los romances en la imaginación. Al bajarse, tambaleándose un poco, caminará al fin con rumbo, con consistencia. Cuando la vean pasar, ninguno de sus vecinos pensará que es el conejo blanco de Alicia.

O no. Quizá se quedará sola viviendo en un apartamento pequeño, decorado exactamente a su gusto y adecuado exactamente a su desorden. Al llegar a casa por la noche, la encimera estará limpia y podrá decidir si cenar o no. Se tumbará en el sofá, con los cojines hechos a su contorno, mirará a su alrededor y encontrará todo en su sitio. Los libros, las plantas, el silencio. El ánimo que flota en el aire. Sí, tal vez su destino sea ese; no el de la soledad defraudada y claustrofóbica de una compañía ausente, sino el de la soledad incierta y temblorosa de que no hay nadie más. Esa soledad, casi vicio, que ha hecho que el número de solteros en España haya alcanzado la cifra histórica de catorce millones de personas.

Sigo en la playa casi hasta mediodía. Hace calor y sopla un viento racheado de oeste que desordena el mar en miles de crestas blancas. La orilla se ha llenado de pescadores y por la arena van y vienen puñados de algas secas y las ramas muertas de las palmeras. Apenas noto nada de eso. Sigo lejos, enredada en la espesura contigua del desamor.

Estoy otra vez en mi cuarto en Madrid. Es de noche y mi silueta se recorta de espaldas contra el ventanal.

Esa es la imagen. La foto que pondría en la portada de aquel final: un fantasma de camisón blanco pegado al cristal. Pasé allí todas las madrugadas desde que se fue. Por esa ventana se veía la torre en la que trabajaba. Trataba de ubicarlo en aquella cuadrícula vertical de neones oscilantes. Planta 56, casi en la cumbre. Con la mirada fija en un cuadradito al azar, le preguntaba: ¿sufres?, ¿cuántas veces al día? Y, si tuvieras que puntuarlo en la escala de Richter, ¿qué medida tendría tu dolor?

Terminaba la plegaria siempre con la misma pregunta: ¿se te ha parado la vida también?

Le escribía largas cartas que tengo aún guardadas en este ordenador dentro de una carpeta azul con nombre de copla: *A la puerta de tu olvido*. Además, le iba contando mis pensamientos en un antiguo chat, no operativo ya, que teníamos cuando éramos amigos. Porque sobre todo habíamos sido amigos. Casi desde la niñez. «Hoy he vuelto a fumar y no me he acordado de ti», le ponía. O «¿Qué importa que no me quieras? Como decía la gran Lola, lo importante es querer». No me resignaba a que nuestra larguísima conversación de años hubiese llegado a su fin. Es lo que más angustia me dio perder.

No vivíamos juntos. Solo nos veíamos una semana de cada dos. No teníamos amigos comunes, ni cuentas comunes, ni casa en la playa ni comida de Navidad. Nunca me había acompañado al médico, no me ayudó con la mudanza ni con casi ningún otro asunto, en realidad. Toda su existencia orbitaba en torno a un cráter y vivía salvándose de él. Quiero decir con esto que no fue ni costumbre, ni compañero, ni, por supuesto, manada. Pero me había roto el corazón.

Leyendo a Williams y su *Heartbreak* descubrí que esto no era solo una forma de hablar. En el año 1996 un grupo de investigadores japoneses descubrió un síndrome cardíaco agudo, reversible y con muy baja mortalidad, que se desencadena en personas que han sufrido cierto tipo de experiencias traumáticas: tsunamis, terremotos o muertes súbitas. Se observó que esta especie de infarto sin obstrucción arterial también afecta a algunas mujeres, sobre todo de mediana edad, después de una ruptura sentimental. Lo de mediana edad me llegó al alma. Aunque el nombre oficial de esta patología es *takotsubo*, por la semejanza del corazón con una trampa japonesa para pulpos llamada así, se ha popularizado como «síndrome del corazón roto». Solo como dato curioso —y bastante significativo—: se habían observado también takotsubos en ciertos hombres que no habían vivido una guerra ni una catástrofe natural. Su patología no se presentó al romper con nadie, sino después de que su equipo de fútbol perdiera una final de copa o un mundial.

Cuando he empezado a tener demasiado calor, me he levantado al fin de la orilla y he emprendido el camino de vuelta. No había llevado el bañador y, además, necesitaba moverme para romper ese bucle de mirada atrás.

Justo antes de salir por la cancela que entra al jardín del hotel, una ola ha estallado muy fuerte contra la gran roca negra que inaugura esa bahía. Me he dado la vuelta y entonces, atrapada de nuevo por el mar, por su lenguaje ancestral, se me ha levantado una duda dentro: ¿estaría también él mirando el mar?, ¿se estaría acordando de mí? Esta vez no se lo preguntaba a él, me lo preguntaba a mí. Sin anhelo ni esperanza, solo con una limpia melancolía. Asumiendo al fin que el amor, simplemente, se va. Oyendo, como un eco al fondo, ese verso de Salinas: «No serás, amor, un largo adiós».

Durante unas cuantas horas no he vuelto a acordarme de él. He comido pronto, un curri de lentejas rojas; he leído entre plato y plato, y me he distraído un rato con la griega, que, más apagada que otros días, escribía frenéticamente en su manual de insectos.

La guapa y el sepulturero se han sentado juntos a comer.

Después he ido a la recepción y he llamado por teléfono a los niños, pero ha sido una conversación torpe y deshilachada. Estaban en un barco y no tenían apenas cobertura.

A primera hora de la tarde me tocaba el *herbal garden*. En una hilera de hamacas, frente al jardín donde cultivan todas las plantas que bebemos después, las enfermeras más jóvenes de la plantilla cubren el cuerpo de los huéspedes con cataplasmas, los envuelven en una tela y luego encierran la hamaca en una gasa blanca. Siempre tengo visiones extrañas durante los cuarenta minutos que dura la sesión. He llegado a pensar que hay algo alucinógeno en aquellos paños de hierbas.

«¿Y si no era amor? —me pregunto de pronto, a punto de dormirme dentro de la crisálida—. No puede ser que un sentimiento de tal envergadura se haya desvanecido en diez días. ¿Y si solo era la vanidad de conquistar un terreno invicto, un animal huidizo? Tú, que como bien sabes toleras mejor que te quieran poco a que te quieran demasiado».

Pero, por otro lado, ¿qué es el amor sino un anhelo de conquista?

No lo sé.

Quizá él no fue más que un relevo al testigo de vida. Un impulso nostálgico de recuperar un desde siempre, de restaurar esa línea transversal que se parte por la mitad cuando rompes un matrimonio que empezó a fraguarse en la juventud. Cuando te enamoras ya de mayor, la persona de enfrente, por mucho que te quiera, no es capaz al mirarte de verte entera. No ve en ti a la de las fiestas de la universidad, ni a la de después del primer hijo, ni a la que enterró a su padre una lluviosa mañana de febrero en Algeciras. Él me devolvía esa posibilidad. Conocía mi infancia: a mi perra Latoya, que sentía que era humana y despreciaba a sus cachorros por ser perros; a Violeta Emma, la señora cubana que trabajó en mi casa y que decía que, para que un matrimonio durase, había que tener una cocina pequeña en la que fuera imposible no rozarse. Sabía lo mucho que me enfadé con mi padre cuando mató en Belice a aquel pargo que había estado nadando conmigo toda la mañana (al salir del agua, le había pedido por favor que no lo pescara, porque se había hecho mi amigo: «Lo siento, hija, se me ha disparado el arpón», dijo muy compungido al llegar con él a la barca). Conocía mi primer coche, a mi primer novio y el pequeño apartamento del ventanal contra el que llovía precioso.

No lo sé.

Quizá el ayurveda ha reorganizado mi química, mi cableado neuronal, y me ha desintoxicado. La bióloga neoyorquina Helen Fisher, que lleva treinta años tratando de explicar el entramado amoroso desde la neurobiología y que ha pasado a cientos de pacientes por el escáner —sus investigaciones parten de imágenes cerebrales por resonancia magnética—, descubrió que el enamoramiento ilumina las mismas zonas que el consumo de cocaína.

Quizá es sencillamente que no tengo ya capacidad de enamorarme. Por demasiado cerebral, porque me faltan las hormonas que se necesitan o porque me ha sido extirpado, como a otra gente, el apéndice. Lo que queda ahora ocupando su espacio es solo un intermitente apetito de captura que se agota incluso antes de acabar la digestión. «La vida es una oscilación constante entre la ansiedad de tener y el aburrimiento de poseer», decía Schopenhauer. Podría volver a sentir, supongo, una ternura cómplice hacia alguien que me hubiese acompañado desde hace mucho, pero para eso se necesita un hace mucho. Y no tengo ya la plasticidad ni la perseverancia para llegar hasta ahí. Ni esa energía, ni esa generosidad, ni esa ceguera de la que hablaba también el filósofo, que son imprescindibles para saltar el precipicio.

O quizá, y esto es lo más probable, es que los niños son lo primero. Y cuando yo era niña, odié con toda mi alma a aquel músico vestido de negro que se le insinuó a mi madre en la mesa de la cocina conmigo delante.

No lo sé.

Como decía san Agustín sobre el tiempo: si no me lo preguntas, sé lo que es; si me lo preguntas, ya no.

Hay tantas formas en eso que llamamos amor que cualquier definición se escurre entre los dedos. Si el hambre compulsiva de hacer tuya a la presa dura toda la vida porque la historia no se realiza nunca, ¿eso es amor o es capricho? Y si lo que te seduce del de enfrente es que te quita la intemperie, que te ofrece una casa y un buen restaurante de vez en cuando, y eso te trae paz porque de pequeña estuviste cerca de pasar hambre, ¿es amor o supervivencia? ¿Y si la persona elegida no es tanto una figura como una función? Una pieza, un encaje en el hueco que nos ha dejado dentro la glorificación histórica del amor. ¿Qué pasaría, me pregunto a veces, si mañana empezáramos de cero, si reescribiéramos el guion? Pongamos que de un plumazo borramos de la memoria, la individual y colectiva, todo lo que tiene que ver con la exaltación amorosa. Las novelas victorianas, por ejemplo (en un estudio sobre las causas de muerte en unas doscientas cincuenta novelas de esa época,* se reveló que el amor no correspondido o perdido acababa con la vida de más personajes femeninos que todas las demás causas combinadas). ¿Qué pasaría si arrancáramos el amor de la poesía de Neruda, de Hollywood, de Disney y de ese diálogo en *El banquete* de Platón en el que Aristófanes dice que cada uno de nosotros no es más que la mitad de un hombre separado de su todo? ¿Qué pasaría sin toda esa mitología del dos que, al fin y al cabo, también es garantía de supervivencia? Sin Noé agrupando a sus animalitos por parejas, sin *Cumbres borrascosas*, San Valentín o Samuel Taylor Coleridge (primera persona en usar el término «alma gemela», que explicaba así por qué es necesario tener un compañero del alma para evitar ser desgraciado: «Dios dijo que no era bueno que el ser humano estuviera solo; para ser lo que debemos ser necesitamos apoyo, ayuda y necesidad con el bien»).

¿Qué ocurriría con el amor sin todo ese relato heredado? ¿Seguiríamos llamándolo igual, dándole esa importancia?

Estoy segura de que hay mucho de vocación en el enamorarse. Hace tiempo leí un fragmento de Milan Kundera que

* S. R. Gorsky, *Feminity to feminism: Women and literature in the nineteenth century*, Nueva York, Twayne Pub, 1992.

anoté para este ensayo sin saber aún dónde lo usaría ni si lo usaría.* Copié en la aplicación de notas: «La sensación de que quería morir junto a ella era evidentemente desproporcionada; ¡era la segunda vez que la veía en la vida! ¿No se trataba más bien de la histeria de un hombre que en lo más profundo de su alma ha tomado conciencia de su incapacidad de amar y que por eso mismo empieza a fingir amor ante sí mismo?». Lo que me sedujo de la cita no era solo aquella incapacidad de amar —algo que, como he dicho, también me preocupa a mí—, sino la idea de fingir amor ante uno mismo. Encajaba perfectamente con todas mis dudas sobre cuánto de empeño hay en lo amoroso; cuánto, más allá de esa explosión de endorfinas que surge de una combinación de atracción física, atracción química y reto, tiene que ver con la propia voluntad de amar.

La tercera visita está teniendo lugar ahora mismo. Son las siete y media de la noche. He vuelto de cenar y me he sentado en la silla de la terraza. El día sigue cálido, ya sin viento. Todavía queda un resto de luz en el aire. Apoyo los pies en la barandilla y noto la madera caliente bajo los talones. Estoy tranquila, escuchando los ruidos de la noche, ese cambio de turno con el despertar de los animales que empiezan ahora su jornada. Y, sin embargo, dentro de mí hay un hilo de tristeza que se ha ido volviendo grieta a lo largo del día. Por ahí

* Me encanta eso que cuenta Natalia Ginzburg sobre las anotaciones que se hacen en las libretas con la intención de usarlas en algún cuento o novela y que acaban por no encajar en ningún sitio: «La libreta se convertía en una especie de museo de frases, todas cristalizadas y embalsamadas, difícilmente utilizables».

se está yendo el último rastro del amor. Por eso la pena; la misma melancolía que se siente cuando empiezas a olvidarte del olor de quien murió.

Supongo que pensarlo es una forma de resistencia, de retenerlo. No a él, sino al amor. Su peso. Su trascendencia. Su manera de completar el mundo, de hacerlo más hondo, más ancho, más grande. Porque lo cierto es que, venga de donde venga, de la biología, la ficción o la supervivencia, no existe ninguna fuerza más poderosa, ninguna otra gravedad capaz de deformar la materia y redibujar los espacios; de hacer que el corazón lata rápido y despacio al mismo tiempo; de meter la eternidad en la palma de una mano. Solo él consigue que respire en un mismo pecho lo que vive por separado: lo trágico y lo ligero; el misterio y la carne; la guerra y la tregua; la libertad y el encierro. Ni siquiera la maternidad, buque insignia del amor, consigue dejar la noche sin sombras y a la lluvia sin tristeza.

Hay un pasaje de *El lobo estepario* en el que Hermann Hesse habla de la huella de Dios. Del chispazo de trascendencia. «¡Qué difícil encontrarlo en esta vida que llevamos! —escribe—, en medio de este siglo tan contentadizo, tan burgués, tan falto de espiritualidad. A la vista de estas arquitecturas, estos negocios, estos hombres». Enumera dónde encuentra él ese chispazo: en un concierto de música antigua, entre dos compases de un piano tocado por oboes; en la lectura de un poeta; en las reflexiones de Descartes, y al estar un día con su amada.

Eso es lo que voy a echar de menos. Estar así de viva. Es lo que echaban de menos la periodista científica, la mujer del restaurante y la reina Victoria. Por encima de la compañía, el amparo y la calma, lo que extrañaban era ese golpe de luz que vierte un temblor dorado en los pasillos, los domingos y las tristezas. Ese viento que con los años va siendo brisa, pero que un día, de repente, recupera su antigua fuerza, abre de golpe las puertas y levanta, incontenible, todo el polvo dormido.

En el altavoz de mi mesilla empieza a sonar «Reflejo de luna». Despacio. Un lucero en el acorde abierto de la noche. Cierro los ojos y veo los dedos plateados de mi padre arañando el agua. Entonces, en un último estertor, me dejo arrastrar por la fábula. Ya no hacia atrás, corrigiendo el pasado y cambiando su curso, como he hecho tantas veces. Ahora juego a qué podría pasar, a imaginarme un después, un último encuentro capaz de devolver lo que fuimos a su casilla inicial.

Es primavera y estoy en algún sitio de Madrid. El Rastro. En ese recodo de las empanadas argentinas donde los días de sol bailan salsa las orquestas. De pronto, doblas la esquina de la cuesta que sube. Vienes con la cabeza baja y las dos manos detrás de la espalda. Entonces me ves. Te quedas quieto y te tapas la cara con las dos manos. Agradezco las gafas de sol. Te vas acercando a mí sin destaparte del todo, solo se te ve la mirada. Esa mirada de niño herido. La misma de aquella vez que llegaste de un viaje con fiebre y te tumbaste en el sofá rosa. Me senté a tu lado y te di la mano. No dijimos nada: solo nos miramos. Un minuto. Dos. Tres. Ha sido la mirada más larga de mi vida. La más valiente. Movías los ojos de un lado a otro, buscándome algo dentro. Contándome un cuento. Explicándome, al fin.

Te paras delante de la mesa alta y le doy un trago a la cerveza. No me quito las gafas. No hablo. Sigo encallada en tus ojos negros de pájaro, pasando lista, volviendo a verlos felices, tristes y enamorados.

—Hola, Sisi.

Arrastrada por la música, por ese trémolo que es el temblor mismo de la luna en el agua, sigo hacia abajo. El arco del cuello cuando inclinas la cabeza. La piel, la camiseta gris, el pecho, que se me pegaba de noche a la espalda en una concavidad hecha a medida. Me quitas el botellín de cerveza y, al hacerlo, me rozas la mano. Me enamoré de tus manos, esas manos grandes de hombre joven, fuerte, que eran todo lo que me hubiera gustado que fueras tú. Intuitivas, delicadas, firmes y oportunas. Fueron el principio de todo; esa noche en que, como un juego, me diste la mano en una fiesta para despistar a una chica. El mundo se quedó parado. Recuerdo cómo nos miramos entonces. Con asombro. Con certeza. Con la misma agitación de la guitarra que sigue al trémolo y que parece no ser capaz de asumir tanta belleza.

Lo noto un instante como si otra vez fuera verdad. El amor. Un tirón hondo que se lleva por delante el cuerpo y el alma.

Decido intervenir. Salvarte. Salvarnos. Saco del bolso un alicate y le meto mano a tu cabeza. Corto uno a uno los cables estropeados. Tu rara relación con la alegría. La falta de ilusión por lo pequeño. Tu hablar muy alto cuando te gustas y muy bajo cuando te gustas aún más. Las vetas de crueldad que tiene a veces tu risa. Tu manera de irte a destiempo de los sitios y las vidas. El «te quiero más cuando estás dormida». Después le echo cemento al cráter. Y entonces, contigo limpio, el futuro vuelve a empezar. Volamos a esa galaxia en la que suceden las cosas que no van a suceder. Hacemos viajes juntos y paseamos por las ciudades, tú con las manos detrás de la espalda y yo riéndome mucho. Vemos películas. Vuelves a tocarme con la cadencia perfecta, a la temperatura perfecta. Y nos vamos haciendo viejos. Te veo morir. Me ves morir. Y, en el último momento, me miras como cuando era joven, cuando no tenía edad.

La música se va apagando como el final de un cuento. Vuelvo aquí, a esta noche cálida de Oriente tan llena de verdad. No te volveré a ver. El tú que añoro ya no existe. Si algún día nos cruzamos, serás distinto; serás tú disuelto con otros. Pero no importa. Ha sido un bonito final. Decía Oscar Wilde que podemos pasarnos años sin vivir en absoluto y, de pronto, toda nuestra vida se concentra en un solo instante. El amor es ese instante. Y acabo de volver a sentirlo.

Abro los ojos, vuelvo a mi soledad, a la de Hesse, «fría, es cierto. Pero también tranquila. Maravillosamente tranquila. Y grande como el espacio frío en el que se mueven las estrellas».

Mañana terminaré este capítulo. Dejaré una copia en el libro y guardaré otra en la carpeta azul de mi pantalla. Es el único lugar ya en el que permaneceremos siempre intactos.

La soledad de la carne

> La piel es el primer lugar en el que se nota el
> abandono.
>
> Jean-Paul Sartre

A veces me toca esperar. Hasta que el reloj no marca la hora exacta ellas no empiezan su turno. Cuando llego antes me quedo sentada, muy obediente, en alguna de las ocho sillas de delante del ventanal. Leo, anoto o me doy la vuelta. En el gran rectángulo de cristal que tengo detrás se extiende, abajo, una lámina de agua que refleja el paso de las nubes. Esa pecera de luz, en la que recuesto la espalda y a veces el pensamiento, es la columna vertebral de nuestra vida aquí. Atraviesa las cuatro plantas del edificio terapéutico, desde el sombrío subsuelo de la acupuntura y el *herbal garden* hasta el comedor. Dentro viven media docena de árboles tan delgados que parecen los trazos de un lápiz. No se les ve la copa salvo que te asomes al estanque del fondo, oscuro e inmóvil como el espejo de una bruja. En el agua, junto a las nubes, está el ramaje que los completa: seis escobas grises de la misma bruja.

El sepulturero espera a mi izquierda con actitud de que las cosas van bien. Las piernas cruzadas con aplomo y el brazo sobre el respaldo de la silla contigua. Sin embargo, no deja de deshacerse y, con cada capa que se le cae, huele un poco más a derrota. Al otro lado tengo a la madre de Klaus, la que solo es madre. Y un poco más allá, a las americanas aeróbicas. Me extraña que no haya llegado aún la griega. Solemos coincidir. Ayer se me sentó al lado y miró sin ninguna clase de disimulo lo que yo apuntaba en el cuaderno:

—¿De qué escribes? —me preguntó al cabo de un rato.

De la soledad.

—¿De la fea o de la bonita?

Sonreí. Me gusta esa distinción. Más que la de deseada o no deseada, que da por sentado que todo lo que deseamos es bueno y lo que no, no. Está lleno el cielo de lágrimas por las plegarias atendidas, decía santa Teresa.

—De la de en medio —respondí.

Entonces sonrió ella.

La zona de los masajes se abre en forma de U alrededor de una penumbra vacía. Huele a limpio, como los patios baldeados de Cádiz, y, vayas a la hora que vayas, hay un silencio de siesta. Las puertas de los cuartos están siempre cerradas. La luz se filtra por las ranuras creando una claridad mínima alrededor de cada umbral. Ese borde luminoso vierte un halo en el suelo que acentúa el aura de convento antiguo que tiene el lugar. El día que llegué me vino a la cabeza *El velo pintado*, de Somerset Maugham, aquel remoto orfanato de China, asediado por el cólera, al que llegan el médico inglés y su distinguida esposa en los no siempre felices años veinte.

Las masajistas, con su bata azul claro y delantal blanco almidonado, esperan delante de la puerta a que dé la hora en punto. Muchas llevan trabajando aquí desde los catorce años. Charlan en voz baja, entre risas inocentes, o se recuestan en el quicio sin más. Resplandecen con la misma luz bíblica del umbral. Como si llevasen toda la vida protegidas por una gran sábana blanca. Como si, igual que a los muebles de las casas vacías, no les hubiese alcanzado nunca la humedad, la carcoma o el pecado. Tampoco el sol, que al fin y al cabo termina estropeando las cosas.

A las nueve en punto se acercan a la paciente asignada. *Hello, madam*, dicen agachando un poco la cabeza, y esperan a que te levantes para pasar detrás de ti.

Mi cuarto es el de la esquina, el único con dos ventanas. Nada más entrar Kamuri, mi masajista, me quita el pareo verde oscuro que llevo enrollado al cuerpo y lo dobla con cuidado sobre el respaldo de la silla colocada frente al espejo. No acabo de entender la razón de que allí haya un espejo. La vanidad es un vicio caprichoso, pero me cuesta imaginar que alguien disfrute con la imagen destartalada y vencida de su cuerpo masajeado desde atrás.

Me siento y me sujeta el pelo en un moño. Lo podría haber hecho yo. Me lo podría haber recogido antes de entrar, porque sé que, como cada mañana, va a empezar por tocarme la cabeza. Pero me gusta que lo haga ella. Ese gesto, sus manos oscuras y algo bruscas sujetándome el pelo con una goma en la nuca, me pone en disposición de ser tocada. Todo se afloja de golpe: la frente, la mandíbula, la verticalidad. El cuerpo abriéndose hacia los costados como un bloque de mantequilla al lado de un radiador.

No soy de naturaleza activa. No sé si es porque tengo la tensión baja, porque consumo toda mi energía pensando o porque, simplemente, soy vaga. Aunque me esfuerce por luchar contra esa inercia, mi estado natural es el reposo. Ni siquiera las actividades que más me gustan —bucear en el mar, pasear por una ciudad nueva o cualquier forma de velocidad en la que el aire me dé fuerte en la cara— pueden competir a partir de cierto momento con el sofá azul de mi salón. En esa lechosa y apacible falta de vitalidad solo hay una cosa a efectos de placer por encima de estar tumbada: estar tumbada y que me toquen. El pelo, la espalda, los pies. Me da igual. Cada vez que alguno de los niños se me sienta cerca, lo intento: «Un ratito, por favor. Diez minutos solo. Y te dejo jugar a la Play». No existe para mí una placidez mayor, un adormecimiento más delicioso que el de una mano peinando mi piel. Ya solo el previo, el frufrú de quien sea remangándose el jersey, hace de la espera una nube. Así que, en cuanto Kamuri me recoge el pelo, cierro los ojos para escuchar mejor. Oigo sus pasos eficaces hasta el otro lado del cuarto. El crujido de la bata. El clanc, clanc del cucharón moviéndose por el pequeño cazo que se calienta en el hornillo. El levísimo burbujear del aceite y, al fin, sus manos frotándose justo detrás de la silla. Mi cuerpo pía, todo él, como el pajarito en el nido cuando ve a su madre acercarse con el gusano. Entonces me vierte el aceite caliente por la cabeza. Sus pulgares me aprietan el cráneo y en un gesto rápido van bajando hacia la nuca. Al contacto de esa fuerza, de esa piel, me estalla dentro un calor de mil tentáculos que me recuerda a la luz iridiscente del plancton. Los pensamientos por fin se callan: los niños, las culpas, el libro, los ocho mil pasos, las otras culpas, septiembre, los alquileres, el nuevo director y la voz sexi del mensaje se quedan, todos ellos, súbitamente en pausa como esas caracolas que cruzan veloces la arena y, cuando les tocas la concha, corren a encerrarse dentro.

Aunque es muy temprano, hace calor. El aire dulce de la mañana entra por las dos ventanas y, al cruzarse, crea un remolino que abre y cierra los postigos en un lento y repetitivo compás. A mi derecha el flamboyán agita sus rojizas hojas de encaje. Detrás de él, en una hilera de casitas bajas y hierbas altas, vive el personal del hotel.

A veces se me olvida lo ridícula que estoy en esa postura y abro los ojos. Entonces, para no encontrarme conmigo, la miro a ella, que se afana a mis espaldas con la boca muy apretada. Es más alta que la media. Lleva una cola de caballo con raya a un lado de la que no se le escapa ni un pelo. De la nariz hacia arriba es guapa, tiene los ojos suaves y separados, las pestañas tupidas y una frente bonita. Humilde y formidable a la vez. De la nariz hacia abajo la cosa se desbarata. El labio inferior se le monta sobre el superior como a los meros que pescaba mi padre, y es de esas personas a las que uno recuerda con bigote aunque no lo tenga. Me pregunto, como cada día, cuántos años tendrá. Es imposible saberlo, está en un intervalo impreciso entre los cuarenta y los cien.

Cuando se le acaba el aceite vuelve a por más. De nuevo el cucharón golpeando las paredes del cuenco y yo salivando como el perro de Pávlov. Otra vez sus manos en mi cabeza. El aceite cae, baja; mi cuerpo pide y ella responde. Me impresiona su instinto, su precisión, su absoluto dominio de la cartografía humana. Conoce cada hendidura, cada dolor, el río más limpio entre la oreja y la espina dorsal. En esas manos hay dos mil setecientos años de aprendizaje, de una herencia táctil que entiende lo humano como el jardinero su jardín. «Está claro que la forma definitiva de relacionarnos con las cosas es el tacto —decía Ortega y Gasset—. Tacto y contacto son necesariamente el factor más concluyente en la estructura de nuestro mundo. El tacto se diferencia de los otros sentidos en que siempre implica la presencia, al mismo tiempo e inseparablemente, del cuerpo que tocamos y el cuerpo con el que tocamos».

Muy al principio de este libro hablaba de la mano como médium de lo inexplicable: contaba cómo Neil, el chico que perdió la memoria después de los tratamientos de un tumor cerebral, solo podía recordar si escribía en su cuaderno. Y hablaba de ese momento mágico de la escritura en que la mano se despega de la voluntad y avanza a su aire, convertida en una antena del misterio. «No pueden a la vista sujetarla ni al tacto, los dos únicos caminos que a la evidencia guían hasta el templo del espíritu humano», escribió Lucrecio en el siglo I antes de Cristo.

Esta intuición de la mano como umbral de trascendencia ha atravesado todos los credos y todos los siglos.

Jesús imponía las manos para sanar a los enfermos, para bendecir e incluso para resucitar: «Mi hija acaba de morir, pero ven y pon tu mano sobre ella y vivirá», dice el Evangelio. Y, más adelante, en Lucas: «A la puesta del sol, todos cuantos tenían enfermos de diversas dolencias se los llevaban; y, poniendo él las manos sobre cada uno de ellos, los curaba». En el monasterio budista que nos llevaron a visitar en la única excursión que he hecho desde que llegué, la imagen de Buda se repetía una y otra vez dibujada en las paredes. Tenía las manos colocadas de una forma distinta en cada ocasión: tocando la tierra, girando la rueda, en el regazo, levantada y con la palma abierta… «Son los mudras —nos explicó el guía sudando como un grifo abierto—. Cada uno representa un estado del alma, un momento interno en el camino hacia la iluminación». Cuando de niña veraneaba en Marruecos y, en uno de mis primeros delirios fantasiosos, quise convertirme al islam —me seducía su misterio, el canto a la oración, su hospitalidad, su sentido de la familia y cómo cuidaban a los ancianos—, me compré una pulsera de la que colgaba el gran símbolo del islam: la mano de Fátima.

«Te protegerá siempre», me dijo el hombre tuerto que me la vendió en una tienda abarrotada de Rincón del Medik.

En Japón más de lo mismo. El *reiki* impone las manos para devolverle al cuerpo la armonía y el *jin shin jyutsu*, conocido como el arte de la felicidad, las apoya de una forma concreta y con una delicadeza extrema para equilibrar el flujo de la energía vital.

Cuando Miguel Ángel quiso pintar en la bóveda de la Capilla Sixtina el símbolo definitivo entre lo humano y la divinidad, pintó dos manos a punto de rozarse.

Me enamoré a través de una mano. Por ahí entró la certeza. El temblor. Una mano agarrada a la mía y, como cuando dos ramas secas se frotan, la llama prendió. Pero ya antes de él, mucho antes, las manos habían sido para mí el idioma original, la primera patria. Las de mi madre, delicadas y suaves como dos golondrinas. Las de mi padre, nudos y brújula de gran capitán. Descubrí la ternura en las manos de mi hermano Curro, llenas de heridas curadas, y la paz en las manos largas y serenas de Chía, mi eterno camino de regreso. Miraría sin parar las manos de mis cuatro hijos: las de Casilda, maquillándome afanosas en el baño, cortas, responsables y llenas de dudas —idénticas a las mías—; las de Curro, mi siempre bebé, compasivas y rigurosas; las de Juan, con los dedos torcidos y curiosos, tocándolo todo con su escepticismo, y las de Pipe, confiadas y abiertas, permeables al misterio. Podría vivir dentro de esas manos. Y podría quedarme dormida viendo las manos de cualquiera faenar. Las de Verónica despalillando la uva, las de Sali limpiando el pescado, las de las bordadoras, los guitarreros y el que corta en una esquina el jamón. En ese encuentro entre la mano y el mundo hay un talento antiguo, una forma primigenia de sobrevivir que me admira y me da paz.

Por eso vuelvo a abrir los ojos, para acunarme también por ahí, en esa espuma de dedos listos que vuelven blandas mis durezas y se llevan el dolor. Cuando los niños eran pequeños jugaba a eso con ellos. «Mamá, me duele la tripa». Le ponía la palma encima. «Me está entrando —decía yo haciendo vibrar muy fuerte la mano—. Está saliendo de tu tripa y está entrando en mí». Cuando ya tenía su dolor dentro, cerraba el puño, abría la ventana y lo tiraba lejos. Durante un rato, dejaba de dolerle.

¿Descenso de cortisol? ¿Aumento de oxitocina? No sé. Lo que está claro es que la mano traduce una intención. En un estudio muy famoso de los psicólogos estadounidenses Hertenstein y Keltner, se pedía a los participantes que tratasen de transmitir una emoción concreta —miedo, asco, ira, amor o gratitud— con solo tocar el antebrazo de otra persona. No podían hablar ni mirarse. Más del 70 por ciento fue capaz de adivinar las emociones que tenían que ver con la gratitud o la compasión.

No sé si lo de Kamuri es piedad, disciplina u obediencia. No sé si el hilo que mueve sus dedos es un susurro ancestral: «Cúrala, pues ella eres tú, tú eres nosotros, todos somos lo mismo». Lo que sé es que, en este momento, alejada de todos los míos, intacta desde hace meses y con la incertidumbre de nuevo a cuestas, sus manos se parecen mucho a un hogar. No tienen lentitud de caricia, pero hay tibieza. Alivio. Y quien te quita el dolor, te gobierna. Cuando Iván Ilich, el moribundo de Tolstói, llegaba al final, le molestaban su mujer, sus parientes y sus amigos. Al único que quería cerca era a su criado Guerásim, que le levantaba las piernas, se las apoyaba en los hombros y se las frotaba para mejorarle el sufrimiento.

Un ejemplo aún más gráfico de esta forma de dependencia es la relación entre Heinrich Himmler y Felix Kersten, su masajista. El jefe de las SS sufría unos terribles dolores abdominales que solo Kersten, de origen alemán pero nacionalizado finlandés, lograba aliviar. En *El médico de Himmler* su biógrafo cuenta que, cuando Hitler ordenó volar los campos de concentración al final de la guerra, los judíos de Estocolmo llamaron a Kersten desesperados para que interviniera. Así lo hizo, pero Himmler alegó que no podía hacer nada, que debía ejecutar las órdenes recibidas. El médico contestó que en ese caso no volvería a darle masajes. La orden nunca fue transmitida. Se calcula que Kersten salvó la vida de unas trescientas cincuenta mil personas.

Kamuri me da dos toques en el hombro para que me levante. *Up*, ordena a continuación. Es una de las tres o cuatro palabras que sabe en inglés: *other side*, *herbal garden*, *up*. Ahí termina el repertorio.

Me levanto despacio, un poco mareada, y doy tres pasos oscilantes hasta la camilla que tengo detrás. Me tumbo bocabajo, y sus manos, empapadas en aceite, se abren ahora sobre mis hombros como la cola desplegada de un faisán. De nuevo la gran concertista y la partitura de la carne. Sabe que el tendón es una cuerda tensa, que ahí hay que sostener la nota y luego dejarla ir. Al nervio, en cambio, hilo que cruza, lo bordea apenas con el índice. Una caricia. Conoce los nudos, el abanico del músculo y dónde se hospedan el miedo y la soledad. Recoloca. Alivia. Clava, afloja y vuelve. Del ímpetu a la delicadeza, del fuerte al suave sin perder nunca el equilibrio. Y poco a poco, en ese campo de batalla que es la espalda a cierta edad, se van replegando los frentes.

La sensación es deliciosa: el aire, las olas, el canto de los pájaros como gotitas de cristal. El calor, sobre todo el calor, de sus manos, del aceite, de ese rayo de sol que acaba de meterse por la ventana y me cruza la espalda de lado a lado.

«No sé por qué la gente piensa que el infierno es un lugar donde hace calor y hierve el fuego —le contaba una paciente con depresión a la psiquiatra alemana Frieda Fromm-Reichmann—. Eso no es el infierno. El infierno es que te congelen en un bloque de hielo. Ahí es donde he estado». Es una imagen poderosa. Y certera. Elegir las llamas como castigo eterno fue un error de cálculo. En el imaginario de casi cualquiera, el paraíso es un lugar cálido. Y no hay más que haber escuchado una sola canción de desamor para saber que nuestro cuerpo relaciona la compañía con el calor y la soledad con el frío.

Dos psicólogos de la Universidad de Toronto, Geoffrey J. Leonardelli y Chen-Bo Zhong, realizaron un experimento para averiguar de qué manera se relacionan temperatura y soledad. Sometieron a sesenta y cinco participantes a una tarea de interacción social simulada en pantalla: un juego en el que diferentes personas se pasaban una pelota. La variable era sencilla: inclusión frente a exclusión. A unas se las hacía participar de manera activa —recibían la pelota con frecuencia— y a otras se las dejaba fuera del circuito —no la recibían ni una sola vez—. Al terminar se las llevó a todas a una sala contigua y se analizó una decisión tan aparentemente neutra como elegir un aperitivo de los allí dispuestos. Quienes se habían sentido incluidos durante el juego escogieron opciones frías: Coca-Cola y *crackers*. Los que no, prefirieron tomar café. Incluso sopa.

El calor es refugio, es caricia, es la primera paz. ¿Qué es el pecho de una madre sino calor? ¿Qué es un cuerpo dormido a nuestro lado o el pliegue del cuello en el que encajamos la cara? ¿Qué es nuestra espalda contra otra o una mano posada en el vientre?

Mi amiga Verónica nació en Cádiz y vivió allí hasta que empezó a trabajar como enóloga. La suya era una familia grande y unida. Por las noches se tumbaba en el sofá abrazada a su padre, a su madre o a alguno de sus hermanos. Cuando terminó la universidad pasó una temporada en el extranjero y después se instaló en un pueblo de Segovia para llevar una bodega. Al principio se sentía terriblemente sola. Lo único que la reconfortaba era salir a pasear, por si había suerte y se encontraba con el único amigo que tenía allí y, al saludarla, le daba un abrazo.

«Hay algo en estar cerca del hombre y de la mujer, en mirarlos, en su contacto y en su olor, que alegra el alma», escribió Walt Whitman en su precioso poema «Yo canto al cuerpo eléctrico».

Sí, el cuerpo necesita calor. Y, si no lo encuentra en la ternura, lo busca en un banco de madera al sol o en un baño con espuma. En las manos de una desconocida subiéndote por los costados. Donde sea. En *El lenguaje del cuerpo*, Julius Fast describe una reunión que tuvieron los parientes de una tal tía Grace para discutir si la ingresaban o no en una residencia. La tía Grace permanecía a un lado, callada, acariciando su collar, acariciando después el pequeño pisapapeles de alabastro y, a continuación, el reposabrazos de terciopelo del sofá. Desde que se quedó sola, había empezado a acariciar las cosas.

Como dice el epígrafe de este capítulo, la piel es el primer sitio en el que se nota el abandono. A este respecto es especialmente conmovedora la historia que narra Ashley Montagu en *El tacto*: a principios del siglo XX, en 1915, el eminente pediatra Henry Dwight Chapin presentó un informe sobre la alta mortalidad en las instituciones infantiles. En todas salvo en una de ellas los niños morían antes de llegar a los dos años. Durante una reunión de la Sociedad Americana de Pediatría celebrada en Filadelfia, distintos participantes corroboraron esos datos con sus propias experiencias. Uno contó que en Filadelfia la mortalidad entre los menores de un año, si una institución los admitía y los retenía, era del ciento por ciento. Otro habló de una institución en Nueva York en la que la mortalidad entre lactantes era tan alta que, para cubrirse las espaldas, en la ficha de ingreso escribían directamente que el niño estaba desahuciado. El de más allá mencionó un estudio de Baltimore según el cual, de doscientos niños admitidos, casi el 90 por ciento había muerto antes de cumplir el año.

Chapin empezó a sospechar que la causa no era médica. Que tal vez la aridez emocional de aquellas instituciones, la ausencia de contacto, era lo que estaba matando a los bebés. Decidió entonces introducir el modelo de ternura que el doctor Fritz Talbot había importado de Alemania. Buscando también respuestas, Talbot había visitado una clínica infantil en Düsseldorf en la que, misteriosamente, los niños no se morían. Su director le dio un paseo por las instalaciones: impecables, pulcras y organizadas a la perfección. Sin embargo, lo que más llamó la atención de Talbot fue una anciana obesa que paseaba por los pasillos con un bebé apoyado en la cadera. Le preguntó al director quién era. «Oh, es la vieja Ana —respondió este—. Cuando ya hemos hecho todo lo que se puede hacer médicamente por un bebé y no mejora, recurrimos a la vieja Ana. Nunca falla».

Si, como le explicó el Dr. Cole a Florence Williams, la sensación de abandono dispara los marcadores de inflamación, ser acariciado fortalece el sistema inmunitario. La razón es que la epidermis produce sustancias químicas muy parecidas a ciertas hormonas que favorecen la maduración de las células T, defensas clave del cuerpo.

Montagu explica en su exhaustivo ensayo hasta qué punto en los animales la ternura no es una concesión afectiva ni un adorno sentimental. Es función. Y, muchas veces, garantía de supervivencia. La gata no lame a sus cachorros porque sea cariñosa, los lame porque durante las primeras semanas los gatitos no pueden orinar ni defecar por sí solos. Necesitan ese lamido para activar el cuerpo. El lamido materno en los roedores modifica la manera en que el animal gestionará el estrés al crecer. No solo tranquiliza: estructura el sistema nervioso, cambia respuestas hormonales, ajusta circuitos. Hay estudios que van incluso más lejos y sostienen que el cuidado de la madre —o su ausencia— influye en qué genes se activan y cuáles se silencian. El cuerpo registra el amor como información.

Quizá el estudio más famoso —y más controvertido— sobre la necesidad de ternura en los animales es el de Harry Harlow, psicólogo estadounidense de la Universidad de Wisconsin. En los años cincuenta quiso desafiar la idea, muy extendida entonces, de que el vínculo madre-cría se debía sobre todo a la necesidad de alimento. Para comprobarlo, separó a crías de macaco rhesus de su madre y les dio dos sustitutos: una madre de alambre, rígida, y una madre de felpa, blanda. Harlow alternó el biberón, de modo que a veces lo ofrecía la madre de alambre y a veces la de felpa. Las crías mamaban donde tocaba, pero vivían abrazadas al cuerpo blando. Y, cuando se asustaban, no corrían hacia el alimento: corrían hacia el calor. La conclusión era simple y brutal.

En los humanos no es distinto. Las comadronas saben que, durante el piel con piel de un recién nacido con su madre, la temperatura estabiliza el pulso, reduce el estrés y facilita la lactancia. En la madre, por su parte, desencadena contracciones uterinas.

Se ha observado que el masaje a los bebés mejora en algunos casos el aumento de peso y la maduración. Y en cuanto al cólico del lactante —ese desesperante misterio que hace a los niños llorar desconsolados sin que nadie entienda por qué—, lo único verdaderamente eficaz es el remedio de siempre de las abuelas: brazos y calor.

Esa respuesta fisiológica al contacto no solo es esencial en las crías de los animales o en los bebés. Es definitiva a todas las edades.

Hace poco fui con mi madre a urgencias porque llevaba días quejándose de un dolor fuerte en el riñón. Cuando llegamos descubrieron que tenía las pulsaciones muy altas. Les dio miedo que estuviera sufriendo un infarto y la dejaron ingresada. La habitación era muy blanca, y su camisón, azul. Ella estaba tumbada con los ojos cerrados y los brazos en paralelo al cuerpo. Se queda muy quieta cuando tiene miedo.

Yo estaba sentada en una silla junto a la ventana mirando atenta el monitor del electrocardiograma para controlar el ritmo cardiaco, que no bajaba pese a estar ella en reposo. En un momento dado acerqué la silla a la cama y le di la mano. Una de esas manos pequeñas y suaves como las golondrinas. Me miró y sonrió. Luego volvió a cerrar los ojos. Empecé a acariciarle la mano con el pulgar, muy despacio. Poco a poco las pulsaciones empezaron por fin a bajar.

«La sensación de la mano al rozar la carne desnuda. Los ríos incesantes del aliento: la inspiración, la exhalación. Esa sensación deliciosa de la salud. Afirmo que estas cosas no son solo poemas del cuerpo, también del alma». Whitman.

En la habitación de al lado acaba de entrar la griega: *Oh, you look beautiful today*, le dice encantadora a su masajista. Tiene una voz inconfundible, áspera y persistente como el vino de resina. Una voz grave de calles empedradas y luna clavada en los pinos, del júbilo de los platos contra la pared.

Desde mi camilla oigo el esfuerzo que hace al sentarse. Veo, mediante el oído, cómo apoya el bastón en la pared, cómo jadea un poco al arrastrar la silla y cómo su masajista, que ya la quiere, la ayuda con delicadeza.

«No te puedes imaginar cuánto agradezco esto —dice al cabo de un rato—. Hago memoria y no consigo recordar la última vez que alguien me tocó con tanto acierto la cabeza. La verdad, creo que nunca».

La griega tiene el don de volver íntimo cualquier encuentro. Habla seduciendo, con la barbilla un poco levantada y un gracioso baile de pestañas. Pregunta mucho. Con humor, inteligencia y verdadero interés, sin que la interpelación sea una formalidad, para darse paso a sí misma. Escucha con atención, invitando a seguir, sin precipitar el silencio con un juicio en la mueca o una mirada a otro sitio. Cuando el silencio llega al fin, agarra del brazo al otro y hace una confidencia escandalosa que es, al mismo tiempo, brújula y descompresión. Siempre que la observo relacionarse, me viene a la cabeza mi madre.

Las oigo reírse varias veces. La griega intentando sofocar la carcajada —la imagino con las dos manos tapándose la boca— y la masajista con una pequeña risa de roedor. Habla de cuánto echa de menos el café, de lo delgada que se está quedando, aunque «qué más me da, para quien va a verme…», y de los centros de ayurveda en Alemania («allí seguro que cobrarías más»). Cuando acaba repite lo agradecida que está: «De verdad que siento mucho que tengas que pasarte aquí dos horas haciendo este esfuerzo colosal, pero a mí me das la vida, *my darling*. Prefiero esto que todo lo demás junto. Incluso que hacer el amor. Sabes, ¿no?», y vuelve a reírse. Hacer el amor.

Intento espantar de mi cabeza la imagen de la griega haciendo el amor. Pero al hilo de su comentario no puedo evitar preguntarme qué prefiero yo: ¿esta camilla con las sábanas agitándose en los tobillos, el rayo de sol y las manos sabias de Kamuri apretándome los pies o un encuentro apasionado con, digamos, el camarero de las manos bonitas? Ni siquiera en lo que al placer respecta tengo una respuesta clara. Lo del desconocido podría ser un desastre: ¿qué garantías hay de que no sea torpe, de que vayamos a saber acompasar nuestro cuerpo y nuestro tempo? Como me dijo mi añorado Domingo Villar en una cena: a ver si empezamos a escribir escenas de sexo en las que todo vaya mal, en las que, en lugar de fuegos artificiales, haya ruidos raros, torpeza y cutrez.

Pero pongamos que la cosa va medio bien, que se desarrolla en un rango medio. ¿Qué prefiero entonces: la apacible pendiente de bajada que es esta habitación o la prometedora pendiente de subida que es lo otro (el gemido, el ímpetu, lo animal)?

No lo sé.

El sexo es liberación, vértigo, disolución. Del valle a la cumbre en un chasquido de los dedos. Pero también tiene algo de olímpico, de batalla, de exhibición y de examen. Agita, además, las mareas más profundas de cada uno, las que yacen aletargadas sobre la arena del fondo. Todo un entramado psicológico que va desde el pudor hasta la tiranía pasando por viejas heridas, humillaciones oscuras y los más pasmosos anhelos.

Para muchas mujeres del mundo, en ese oleaje hay también tumulto. Una muchedumbre gritando dentro. Manos y manos que las arrastran en volandas sobre su cabeza como arrastra la turba al preso. Una muchedumbre que vocifera, tropieza y se pisa. «Demasiado vehemente», comentan unos; «Qué puritana», se carcajean los otros. Voces que castigan: «Menudo carrerón… Pero ¿cuántos novios lleva ya?», «Y parecía tonta…». Otras que oscilan confusas entre lo ajeno y lo propio, entre la culpa («¡Mamá, mamá, mamá! —una súplica—, que no se vaya, por favor; que al terminar se quede un rato») y el desencanto («No son sus manos; por mucho que cierre los ojos para imaginar que lo son, no son sus manos»).

En el peor de los casos lo que se oye al fondo es: «A ver si acaba esto ya».

Otra fuerza convive con el griterío en la cabeza de algunas mujeres. No se ve ni se oye, pero es un poderoso campo magnético. La cama como forma de invasión, de conquista simbólica de la identidad. Un anhelo borroso que, como el erotismo oriental, se despliega por cada partícula del cuerpo femenino y que tiene que ver con la excitación de clavar la bandera en un territorio idealizado. La inaccesibilidad del otro, su éxito, su poderosa mente, su linaje o incluso su nación. Mientras lo tienes encima, solo existes tú y el reino es tuyo. El mismo reino que, antes de ti, fue de esa mujer tan guapa que sabes que aún lo quiere y a la que quizá él siga queriendo también. Una manera extraña de restaurar el equilibrio: mi carne por tu reino.

Incluso con todo esto en la cabeza concluyo que, en lo que al placer se refiere, sexo gana a masaje. Pero ¿y en cuanto a la sensación de soledad? En el sexo entre hombres y mujeres —intuyo que las relaciones entre dos mujeres son muy distintas— la ternura puede existir o puede no existir. Ni antes ni después. Puede que nada más acabar se vaya y, si ella ha sido demasiado apasionada, incluso le deje unas moneditas en la mesilla, como Zola a George Sand después de su primera noche juntos. O puede que no. Que se quede un rato con la cabeza apoyada en su hombro, subiendo y bajando la mano por el reverso de su brazo. Es lo que buscan, en realidad, muchas mujeres *destempladas* al hacer el amor. En un estudio del Departamento de Psiquiatría de la Universidad de Vanderbilt, el doctor Hollander investigó a treinta y nueve mujeres en relación con su necesidad de contacto físico. Veintiuna de ellas confesaron haberse acostado con un hombre solo para ser abrazadas. Entre ellas una prostituta.

Ann Landers, una periodista estadounidense que durante décadas escribió una columna de consejos leída por millones de mujeres, concluyó lo mismo. Formuló a sus lectoras una pregunta muy concreta: si se contentarían con ser abrazadas y tratadas con ternura y olvidarse del acto. El equipo de la revista *Time* señaló que habían respondido más de noventa mil mujeres: el 72 por ciento dijo que sí. Es verdad que esto fue en 1985 y que las cosas han cambiado desde entonces. Aunque no tanto como parece: en el 85 hacía ya casi veinte años de la contracultura, del amor libre y de las flores en el pelo, y muchos más de los eróticos diarios de Anaïs Nin, en los que, entre otras cosas, relataba la incestuosa relación que mantuvo con su padre o el trío que formaron durante muchos años ella, Henry Miller y su mujer. Pero sí, no cabe duda de que en las últimas décadas ha ido desapareciendo el pudor a confesar que se disfruta del sexo por el sexo. Que el empoderamiento —palabra que siempre me suena a taconazo histérico en el suelo— ha devuelto a las mujeres la autoridad sobre su cuerpo y su placer.

Sin embargo, hasta las menos sentimentales, las que lo que quieren es que, al acabar, el otro coja la puerta cuanto antes, saben que el sexo sacia, anestesia, descomprime y relaja, pero que, si no hay nada más que cuerpo, si no hay ninguna otra emoción detrás, no alivia en absoluto la soledad.

Incluso, como decía Erich Fromm, puede que genere cierta sensación de vacío.

El deseo, en cambio, sí atenúa la soledad. Aunque sea momentáneamente. Es un hambre que desplaza a todas las demás. En la fuerza gravitatoria de la atracción, en ese preámbulo del tocarse solo con los ojos y rozarse las manos por accidente, de una piel reclamando a la otra hasta el borde mismo del dolor, hay una presencia tan fuerte de los instintos que no queda espacio para nada más.

Y lo que la alivia, sin duda, es la caricia. Mejor cuanto más sostenida. Y el calor. Eso nos cura a todos. A los gatos, a las crías de macaco, a los recién nacidos y a los ancianos. A todas las personas del mundo que viven solas y encuentran en un perro, en la tibieza de su cuerpo a los pies de la cama, una deliciosa manera de amortiguar la soledad. Cura a los huraños, los intratables, los que no saben recibir amor y a las personas con problemas mentales que en la silla blanca de un pabellón se acunan a sí mismos a falta de otros brazos. Y nos cura a todos los que estamos en este hotel, más que las hierbas, las agujas o las envolturas de gasa: dos horas diarias de masaje es mucho tiempo siendo acariciado.

Somos cuerpo. Una mínima estaca de luz y todo lo demás, materia. Treinta o cuarenta billones de células dando palmas al compás de una coreografía afinada a lo largo de millones de años. Y quizá mucho de lo que creemos que es poesía, corazón o sensibilidad no es más que la maquinaria del cuerpo ejecutando órdenes antiguas con nombres nuevos.

Cuando Kamuri termina el masaje, me incorporo. Recojo el pareo del respaldo de la silla y vuelvo a enrollármelo al cuerpo. Al cruzar la penumbra vacía que huele a siesta y orfanato antiguo me viene a la cabeza una conversación que tuve con mi amigo E. hace unos meses. Estábamos comiendo en su casa y le hablé de este capítulo: la soledad del cuerpo. Él, que tiene una de esas cabezas curiosas y libres de quien ha leído mucho, me contó que un primo suyo acababa de salirse del seminario. Cuando E. le preguntó por qué, su primo contestó: «Porque Dios ama, pero no acaricia».

La muñeca y el mar

En el sueño estoy en la casa de Durango, pero el escenario no tiene nada que ver con la casa de Durango. No entro por una puerta, sino por una corriente muy fuerte que tira de mí hacia arriba y me deposita en una biblioteca hexagonal. Está forrada en madera y el techo es altísimo. Los libros lo cubren todo. Noto la presencia inmediatamente. Algo terrible y oscuro que me observa desde arriba. Echo a correr angustiada. Hay un pasillo muy ancho con una moqueta mullida y tres grandes dormitorios a la izquierda. Voy entrando en cada uno. Son habitaciones de época, con papel delicado en las paredes, cabeceros de bronce y una luz difusa. Es, en mi delirio, el cuerpo inerte de tres jóvenes ahogadas en un río. Noto la presencia cada vez más cerca, más física, más aterradora. Sigo corriendo, oyéndome el corazón. Bajo unas escaleras estrechas que desembocan en una sala inmensa que podría ser de un museo. El suelo es de mármol frío, y en el centro, sobre una mesa elevada, hay alguien tumbado. Me acerco. Es Cristo. La imagen me aterroriza de una forma que no sé explicar. Vuelvo a correr y cruzo una puerta que se confunde con la pared. Al otro lado se está celebrando una boda. Entro por detrás, grito y todos se dan la vuelta. Ninguno tiene cara. Son figuras vacías.

Me despierto con el camisón pegado a la espalda y sin saber dónde estoy. ¿Qué es ese cuarto? ¿Ese dosel? ¿De quién es esa negrura? ¿Dónde está mi mesilla azul? ¿Y las luces naranjas de la casa de enfrente? Busco a tientas el teléfono. Las 4.13. El tiempo me devuelve al espacio: Sri Lanka, Weligama, agosto de soledad. La angustia sigue en el pecho, caliente como un animal. También el impulso de huir. Me pongo las chanclas, me recojo el pelo mojado y salgo de la habitación. No estoy segura de haber cerrado la puerta. Llueve con mucha fuerza y el agua repiquetea en el tejado como un tambor. Subo el primer tramo de escaleras. La selva queda a mi derecha, zarandeada con violencia por el monzón. Recorro el pasillo largo. Vuelvo a subir. Otro tramo más y llego a la zona abierta que separa mi edificio de la recepción. No tengo nada con lo que cubrirme la cabeza, así que, como en el sueño, corro. El suelo está lleno de barro y se me encharcan los pies, pero da igual, porque estoy corriendo y eso me calma. Cruzo el jardín de los troncos cortados y, sin pensar, con el fango subiéndome por las piernas, paso junto al estanque de los nenúfares hasta el edificio de hormigón, una gran mole vencida por la maleza y el tiempo. Las huellas de lodo ensucian el suelo del vestíbulo. También el del ascensor. Subo hasta el piso más alto: una inmensa nave abierta al mar en la que por las tardes, con la caída del sol, hacen yoga los disciplinados. El mar no se ve, pero le disputa el rugido al viento y el aire está lleno de sal. Me siento en el suelo y me cubro las rodillas con la larga camiseta que uso de camisón. Por primera vez desde que llegué echo de menos fumar. Con furia. Un pinchazo tan absoluto que durante un minuto lo apaga todo.

Conozco bien ese sueño. Lo he tenido muchas veces desde que era niña. La casa de Durango es un caserón antiguo, mágico e inquietante, que lleva siglos en la familia de mi madre. Pasillos oscuros, lámparas de araña y viejos terciopelos. En uno de los salones, encima del piano, hay un cuadro redondo con las iniciales de una antepasada que se hizo monja bordadas con su propio pelo. El jardín, digno de cualquier novela de Jane Austen, alberga el pino más antiguo de Vizcaya. Siempre hace frío, siempre da miedo. En la pequeña capilla, en la que está enterrado san Aurelio, hicimos Chía y yo la primera comunión. Pocos días antes tuve la pesadilla por primera vez.

Se repitió muchas veces en los años siguientes, pero fue espaciándose en la adolescencia. Durante esa época solo la recuerdo antes de irme a estudiar a Suiza y poco después de que muriera mi abuela Casilda. Después desapareció mucho tiempo. Volvió, recurrente, el año antes de separarme y la había soñado por última vez en el piso de la calle Larra, segunda parada de mi vida sola.

Me mudé allí un año y pico después de separarme porque, ingenua de mí, creí que ya tenía los miedos bajo control. La fragilidad del principio, un cristal blindado a través del que nadie podía verme —ni siquiera yo— y que, sin embargo, me traía el sufrimiento de fuera con implacable nitidez, había ido desapareciendo. Fui acostumbrándome a los lunes por la mañana y los domingos por la tarde, al silencio de después de la siesta y a llenar de presión la caldera cuando, de pronto, el agua de la ducha empezaba a salir helada (el funcionamiento de los aparatos domésticos era un asunto que había delegado siempre en Alejandro: no hay en mi cabeza ni el menor interés ni, por tanto, la menor capacidad para entender la mecánica de lo útil). Ya no abría los ojos y mi primer pensamiento era enumerar mentalmente a todas las personas que conocía que también se despertaban solas; y, cuando de noche, en el trayecto del sofá a la cama, veía mi reflejo en algún cristal, mi sombra no se apiadaba de mí.

Además, Currito ya había empezado a andar. No quería irme lejos de la casa matriz hasta que Curro diese sus primeros pasos. Eso fue una obsesión.

Así que un septiembre, el mes de la ilusión, reuní fuerzas y me mudé al centro. Me pareció mejor compañero de aventuras para ese momento que las arboladas y silenciosas urbanizaciones de las afueras. El de Larra era un piso precioso, con molduras antiguas y unos estrechísimos tablones de madera que crujían con dignidad. Tenía una pequeña terraza llena de plantas en la que solo daba el sol por la mañana y una fresquera bajo la ventana de mi habitación. Estaba contenta. Salvo por el barullo que se organizaba los fines de semana en la discoteca de enfrente, el barrio me gustaba. Tenía un supermercado justo debajo, una tienda de flores cerca y, a dos calles, la mejor pizzería de la ciudad. Entonces, en mitad de esa calma engañosamente definitiva, volvió la pesadilla. Decía Jung que los sueños sirven para restaurar el equilibrio. A mí me lo desordenan todo. Permanezco atrapada en su clima mucho tiempo después de haber despertado. Y así me quedé los siguientes días, con el miedo de nuevo dentro.

En aquella época estaba escribiendo una novela malísima que había titulado *El álamo negro*. Se llamaba así por mi casa, una maravillosa ruina en la que vivimos los primeros años de casados y en la que nacieron tres de mis hijos. La novela contaba la historia de una familia feliz que un buen día decide rehacer la casa en la que vive, tirarla y volver a empezar. Para salvarse, la casa empieza a atacarlos hasta destruir por completo sus cimientos. Los jueves por la tarde venía a darme clase de escritura creativa Juan Gómez Bárcena, quien, además de un magnífico escritor, es el profesor más estimulante que he tenido nunca. Me orientaba con la novela, me ayudaba a darle estructura y músculo, pero, sobre todo, me liberó del *deber ser* —de eso que yo creía que era escribir bien— para encontrar mi propia voz: «Lo más interesante de un escritor no es cómo escribe —me dijo un día—, es su mirada».

Juan me descubrió películas, autores y formas de narrar que se me han quedado grabadas. *Repulsión*, de Polanski, y ese piso oscuro, lleno de grietas, que encarna la pérdida de cordura, el derrumbe mental, de la protagonista (personificada por Catherine Deneuve). O *Continuidad de los parques*, mi cuento favorito de Cortázar, que empieza con un hombre sentado en una butaca en la biblioteca de su casa: está leyendo la historia de dos amantes que planean un asesinato y entonces, con el prodigioso talento del autor para difuminar los límites de la realidad, la amante del relato entra en la biblioteca del hombre que lee y pasa a mirarlo a él. O a Joe Brainard, un artista plástico estadounidense vinculado a la escena artística y literaria de la Nueva York de los setenta que escribió un solo libro, *Me acuerdo*, una hipnótica forma de autobiografía que empezaba cada línea así, con un «me acuerdo»: «Me acuerdo de la única vez que vi llorar a mi madre. Yo estaba comiendo tarta de albaricoque. Me acuerdo de cuando la polio era la peor cosa del mundo. Me acuerdo de intentar imaginar a mi madre y mi padre follando. Me acuerdo de evitar mirar a los inválidos». Supe después que Siri Hustvedt utilizaba el «me acuerdo» en sus talleres de escritura para sacudir la memoria y despertar los recuerdos dormidos.

Una noche, cuando Juan se fue, hice mi propia lista. Pero no empecé con un «Me acuerdo». Mis recuerdos estaban muy vivos. Empecé cada línea con «Me da miedo».

El principio fue lento y torpe, como el arrancar de una locomotora vieja!

Me dan miedo las montañas rusas.

Me da miedo conducir [poco después de separarme tuve el primer ataque de pánico de mi vida: volvía de Asturias con los cuatro niños en el coche y, de pronto, se me nubló la vista, los brazos se me quedaron sin fuerza y me costaba respirar; creí que me estaba muriendo, que iba a estrellarme y los iba a matar. No he podido volver a conducir por la autopista].

Me da miedo hablar en público. Que mi voz se imponga al silencio.

Me da miedo ser irrelevante.

Entonces, la mano empezó a coger velocidad.

Me da miedo que se me llenen las manos de venas azules y manchas negras. Que se me tuerzan los dedos.

Me da miedo el día en que ya no me importe el polvo de las repisas.

Me da miedo que mis hijos dejen de preguntarme.

Me da miedo la curva de la derrota en la espalda.

Me da miedo ir los domingos al cementerio de San Fernando y bajar a la parte de abajo del panteón familiar y ver esas cucarachas marrones saliendo de las tumbas.

Me da miedo que se muera mamá y el aire se vuelva helado.

Me da miedo morirme. Que Casilda se case sin mí.

Me da tanto miedo que mueran mis hijos que no puedo ni escribirlo.

Me dan miedo las caras sin cara del final de mi sueño.

Me da un miedo terrible el vacío.

El frío se me ha metido en el cuerpo. Me levanto para moverme y me acerco al muro que da al mar. La noche es negrísima. No hay luna, no hay estrellas, solo los aguijones brillantes del agua azotados por el viento. Al fondo está el mar. No se ve, pero se intuye. Hermético y compacto. Tan negro como Saturno, el más viejo de los dioses, el de las lejanías, la guadaña y los desgarramientos. El planeta de la luz triste.

Para los cristianos, el desierto es símbolo de espiritualidad. Para los chinos y los indios, son los bosques. Para mí es ese mar que respira desde antes del tiempo, esa presencia impasible entre dos orillas en la que, siendo muy niña, sentí por primera vez el vacío.

Tuve muchas muñecas. Muchísimas. Nancys, Trolls, Repollos, Barriguitas, bebés casi humanos, escalofriantes muñecas de porcelana… Dejé de jugar con ellas por vergüenza, no por cansancio. Cuando tenía doce años hicimos un viaje familiar a Jamaica y, escondidos en la maleta, llevé a Barbie y a Ken con sus dos mellizos. Como sabía que la escena rozaba el ridículo, pasaron todo el viaje viviendo en la clandestinidad. Solo los sacaba de noche cuando me quedaba sola en el cuarto con Chía.

Un día mi padre entró por sorpresa en la habitación. Al ver toda la familia de plástico sentada en el bordillo de la mesita de noche, entornó los ojos y, con esa cara entre la burla y la consternación con la que decía ciertas cosas, preguntó: «Sisi, hija, ¿tú no eres ya muy mayor *pa* ir de viaje con los muñequitos?».

Ahí terminó el idilio.

De todo aquel ejército de muñecas, hubo una a la que quise por encima de todas. Una muñeca medio de plástico, medio de trapo; con dos coletas rubias, un vestido muy corto y un boquete en la boca por el que, cuando le apretabas la tripa, salía olor a limón.

Me la regaló Ramón el Catalán, un amigo de mi padre que llevaba siempre la camisa muy abierta y se reía fuerte y ronco. A Chía le regaló la de fresa, pero a mí me gustaba más la mía: tenía la cara mejor dibujada y parecía más buena. Además, era la mía.

Es difícil saber por qué me obsesioné tanto con esa muñeca. No sé si por el olor, porque era lo que a mí me hubiera gustado ser (rubia y apacible) o por esa combinación dura y blanda que me permitía, solo por el tacto, pasar de la fragilidad a las certezas. Quizá estuvo cerca en un momento en el que fui feliz. O en el que tuve miedo. Hay una historia preciosa sobre la relación en la infancia entre el dolor y los muñecos: es la historia de los hijos de Lincoln y su gran muñeco Jack.*

Lincoln, Abe para los amigos, tuvo cuatro hijos, todos chicos: Robert; Eddie, que murió con tres años de tuberculosis; Willie, el preferido del presidente porque era un pequeño in-

---

* Cuenta esta historia Nuria Pérez en *Gabinete de curiosidades*, mi podcast favorito de todos los tiempos.

telectual, y Tad, que tenía problemas en el habla y a quien durante muchos años solo entendieron su madre y su hermano Willie.

Cuando se mudaron a la Casa Blanca Willie tenía diez años, y Tad, ocho. La llegada de los niños desató un verdadero huracán. Lincoln, que había tenido un padre muy severo, era, por contraste, exageradamente permisivo con sus hijos. Los dejaba interrumpir en las reuniones, vaciar los ceniceros en el suelo y hacer volar por los aires todos los documentos de la mesa presidencial. «Son el demonio», cuentan que decía por lo bajo el vicepresidente Hamlin cuando los veía entrar. Un día, Abe les regaló un enorme muñeco vestido con el uniforme de los aliados franceses. Los niños lo llamaron Jack y jugaban a todas horas con él. Lo que más los entretenía era castigarlo: «Jack ha sido un cobarde, ¡enterrémoslo en el jardín!», gritaban para desesperación del jardinero, quien en una ocasión, después de encontrar al muñeco en un agujero bajo sus rosas blancas (su mayor orgullo), amenazó con tirarlo a la basura. Los niños corrieron a contárselo a su padre y le suplicaron que indultara a Jack. El presidente interrumpió la reunión, firmó un indulto y lo selló como los de verdad.

Al cabo de unos meses, en febrero de 1862, Willie y su niñera enfermaron de fiebre tifoidea. Por lo visto, en la Casa Blanca usaban el agua del cercano río Potomac, muy contaminado por la gran cantidad de soldados y caballos que acampaban en su orilla. La niñera se salvó, pero Willie murió. La mujer de Lincoln, que ya había perdido un hijo antes, no pudo soportar el dolor y se encerró durante mucho tiempo en su habitación. Ni siquiera fue capaz de ir al funeral. Lincoln se sumió en una depresión que, según sus biógrafos, afectó enormemente al mandato presidencial. Nadie se acordó de Tad, que había perdido a su hermano del alma, y que durante todos esos años en los que nadie lo entendía había sido su traductor. Meses después de la tragedia, su padre se lo encontró llorando en un rincón. Intentó consolarlo, pero Tad se negaba a hablar. Estuvo un buen rato preguntándole, tratando de sacar al niño de su mutismo, pero fue en vano. Entonces se acordó del muñeco Jack. Tras la muerte de Willie, nadie había vuelto a jugar con él. Fue a buscarlo, regresó junto a su hijo y se puso a hablar por boca del muñeco: «Tu padre siente mucho no haberte hecho caso. Te promete que no va a volver a pasar». Poco a poco, Tad dejó de llorar. Casi sonrió. Esa tarde se quedaron los tres dormidos juntos y la vida volvió a empezar.

La muñeca de limón también me curaba a mí. Si estaba triste porque nadie había jugado conmigo en el recreo, era la muñeca la que estaba triste porque nadie jugaba con ella. Entonces la acariciaba, la abrigaba muy bien y la sacaba de paseo. «No te preocupes, ya me tienes a mí para jugar», le decía empujando el carrito. Cuando mi padre se iba de gira, lo mismo: la sentaba en una silla al sol para que se le calentara el corazón. Quizá escribir no sea más que eso, sacar de dentro las heridas y ponerlas en otro lugar.

Dormía con la muñeca, me la sentaba en el regazo a comer y, menos al colegio, la llevaba a todas partes. También de vacaciones, claro. Ese julio, como cada año, fuimos a Cádiz y, a final de mes, también como cada año, a Kabila, una urbanización blanca y exuberante entre Ceuta y Rincón del Medik. Todos éramos felices allí. Mamá tenía amigos y recuerdos de su niñez; nosotros, gatos, coquinas en la orilla y un montón de niños con los que jugar: marroquíes, ceutíes y muchos nietos de los nostálgicos andaluces que se habían criado en Tetuán. Como era un sitio cerrado, teníamos además libertad.

Después del cumpleaños de Chía, el 19 de julio, fuimos a Algeciras. Dormimos en casa de mis abuelos, y por la mañana, a primera hora, fuimos a comprar los billetes. Cualquiera que haya cruzado el Estrecho durante esos años sabe que la explanada del puerto en verano era un océano de chapa. Centenares de Citroën, Renault y Ford Fiesta llegados de todas partes de Europa con los techos a reventar. Torres y torres de colchones enrollados, mantas de lana gris, neveras atadas y cajas de pollos agujereadas para que los animales pudieran respirar. Era imposible delimitar visualmente la caravana. Ni el principio ni el final. Había familias que tardaban hasta cinco días en embarcar.

Nos fuimos abriendo paso por aquella feria humana de ruido y calor. Padres que fumaban fuera con un brazo apoyado en el techo del coche. Ventanillas bajadas, la rumba sonando en la radio, olor a café, oficiales y pastores alemanes, marroquíes con los dientes rotos y muchos gritos de «¿Cuánto queda?». Compramos los billetes en una caseta y, como no cruzábamos en coche, enseguida subimos al barco. Dentro olía a una mezcla inolvidable de gasolina, tabaco y bocadillo de tortilla envuelto en papel de plata.

Hacía bochorno, el mar estaba tranquilo y el cielo sucio. Mamá, con sus enormes gafas de sol y los pantalones de flores, nos daba la mano contenta. Se le iluminaba la cara cuando se acercaba a Marruecos. Allí era todavía más grande. Más ella.

Cuando el barco zarpó, Chía, la muñeca y yo salimos como siempre en busca de los delfines. Estuvimos un buen rato asomadas a la borda, atrapadas por el viento en la cara, la estela de espuma y la sensación de volar. No sé exactamente cómo pasó.

No recuerdo si tropecé, si me asusté con algo o si Chía me empujó jugando, pero de pronto la muñeca cayó al mar. El tiempo se desgarró como una hoja partida por la mitad. Quise gritar y no pude, quise parar el barco y no pude, quise tirarme a por ella y tampoco pude. Me quedé asomada a la barandilla deshaciéndome por dentro. Unos segundos después emergió entre la espuma. Bocabajo. Un diminuto punto amarillo alejándose hacia lo oscuro. Su cuerpo blando y duro, mi fragilidad y mis certezas, a la deriva en aquella inmensa soledad azul. La acompañé con la mirada hasta el final. Ni siquiera en ese instante, cuando al fin desapareció de mi vista, pude llorar. Seguía detenida en el segundo anterior, en el calor de su cuerpo contra mi corazón. El barco continuó avanzando, el calor se enfrió y entonces me derrumbé. El vacío es, como decía Pizarnik, el hueco en el pecho donde antes hubo alegría.

¿Qué hora será? ¿Las cinco? ¿Las cinco y cuarto? No debe de ser más tarde, porque la noche sigue intacta. No ha perdido aún ni el primero de sus velos. La negrura me da paz. Es una línea sin cortes entre la noche y yo.

¿Por qué ahora?, me pregunto. ¿Por qué otra vez este vacío, esta horrible sensación de que se me ha muerto algo en el pecho? Me palpo por dentro buscando el boquete. ¿Será porque ayer hablé con los niños y los sentí muy lejos?, ¿porque estoy acabando el libro? Qué sé yo. A lo mejor es porque he estado escuchando mucho a papá estos días. O porque se acaba el verano. O porque he vuelto a quedarme sola. Qué sé yo.

Como un relámpago, me acuerdo de la conversación que, poco después de llegar, tuve con la francesa que iba siempre a la piscina de arriba. Era —ya se ha ido— una mujer alta y delgadísima, con un esparadrapo en la nuez, que siempre que tenía ocasión insistía en hablar conmigo (no por afinidad, sino porque trabaja como marchante de artistas latinos y quería practicar español). Aquella tarde me explicó que a los quince días siempre hay un bajón: «Llevo viniendo tres años —aseguró— y siempre me pasa lo mismo. Cuando llevo aquí dos semanas, me entra una depresión bestial». Por lo visto, es el tiempo que tarda el cuerpo en expulsar todas sus toxinas y quedarse vacío. «A los que se están desenganchando del alcohol o de las drogas les pasa lo mismo en el mismo momento».

Eso explica muchas cosas. Por ejemplo, lo de ayer tarde en el pueblo.

Había decidido bajar a dar una vuelta porque estaba escribiendo muy mal. La furgoneta del hotel nos dejó en la estación de Weligama, un tejado de chapa roja con un puñado de autobuses con los motores encendidos y mucha gente entrando y saliendo.

El pueblo no tiene especial interés: tiendas de alimentación, hostales, calles sin asfaltar y un mar marrón y poco profundo que en temporada alta se llena de surfistas, pero que ahora, con el monzón, parece un perro abandonado. En general, toda la población está sumida en la tristeza de los sitios de vacaciones cuando se quedan vacíos.

No había recorrido ni cincuenta metros cuando empezó otra vez el diluvio. Me resguardé en la primera tienda que encontré, uno de esos comercios grandes y sin identidad abarrotados de camisetas, pareos, pantalones anchos y maderas talladas. Compré un par de cosas para hacer tiempo, y cuando terminó de llover salí a la calle. Justo enfrente había una licorería con una bonita luz anaranjada saliendo de dentro. Me quedé atrapada en eso. El cristal del escaparate estaba empañado por el agua, pero, aun así, distinguí una figura delante del mostrador. Había algo en ella que me resultaba familiar. Entorné un poco los ojos y me acerqué al borde de la acera. Esa espalda. Conocía esa espalda. La figura se dio la vuelta como si se supiera observada y de pronto las piezas encajaron. Es la mujer Hopper, la de la mirada perdida y el temblor en la mano cuando agarra el vaso de agua. Antes de que el dependiente terminase de cobrarle, volvió a girarse dos veces, nerviosa. Pagó, se metió el alcohol en el bolso y salió de la tienda mirando a todas partes. Me di la vuelta para evitarle un momento incómodo, pero justo antes hubo un instante en que vi su mirada. Ya no era ausente, era febril.

«Dura poco, no te preocupes», había dicho la francesa reacomodando sus larguísimas piernas en la tumbona. Yo no estoy tan segura. Al vacío le cuesta salir. Es como esos pájaros que entran sin querer por una ventana abierta y, desorientados, empiezan a aletear con desesperación, a darse cabezazos contra las paredes, las estanterías y los cristales, incapaces de intuir dónde está el camino de vuelta.

Puedo agarrarme a eso, a la química. A que he dejado el tabaco, el teléfono y el azúcar. Pero ¿y si no?, ¿y si ha venido a quedarse? ¿Y si no encuentra la ventana por la que salir? De nuevo los estados de ánimo jugando a ser eternos. Y de nuevo el miedo. Los invitados sin cara de la boda del sueño. La nada.

Hay filósofos, psicólogos y escritores que identifican el vacío con la soledad. Para mí no son lo mismo. En la soledad hay hambre. Mayor o menor, pero hay hambre. A veces el hambre de alguien concreto. Otras la de un alguien imaginario con el que puedas hablar como si hablaras contigo mismo. A veces es hambre de ilusión, de sentido o solamente de distracción, de cualquier cosa que aligere la viscosa monotonía de las horas.

Bertrand Russell reflexiona mucho sobre eso en *La conquista de la felicidad*. Según él, el miedo a aburrirse está detrás de por lo menos la mitad de los males de la humanidad.*

En el vacío no hay hambre porque no hay nada. Ni tristeza, ni alegría, ni intención. El vacío no es cóncavo ni convexo. No es espeso. No es ligero. Es una planicie sin sombras por la que se camina despacio porque no hay final.

Vuelvo a preguntarme por qué ventana ha entrado esta vez. Piensa, me digo, repasa los últimos días: ¿qué hiciste ayer?, ¿qué pensaste, qué leíste, qué pasó? ¿En qué rama se te arañó el pensamiento? Piensa. Y pienso: «Rondo por las oscuras paredes de mí misma, interrogo al silencio y a este torpe vacío, y no acierto en el eco de mis incertidumbres».** Piensa. Y pienso en los *cherokees*, que usan la misma palabra para «negro» y «muerte». Pienso, la noche me aprieta y me acuerdo al fin de sus rezos. Fue ayer mismo después de volver del pueblo. Nada más llegar, subí otra vez a la biblioteca para intentar escribir un rato. Nada. Ya debía de tenerla dentro. Entonces, con el último rayo de luz, empezó a cantar el muecín. Hay una gran comunidad de musulmanes aquí. Me acerqué a la barandilla que da a su zona (las pequeñas y destartaladas casas de atrás). Las cabezas negras fueron llegando apresuradas de dos en dos, de tres en tres. Desaparecieron en la maleza y todo quedó en silencio. Seguí apoyada en la barandilla un buen rato, mirando los árboles, buscando los

* Un estudio de las universidades de Virginia y Harvard, dirigido por Timothy Wilson, metió a dieciocho personas en una habitación durante quince minutos, sin nada que hacer salvo pensar. Si necesitaban un estímulo externo, podían pulsar un botón que les daba una descarga eléctrica. Doce lo pulsaron. Uno de ellos, ciento noventa veces.

** Josefina de la Torre.

monos. Casi me olvidé de ellos. Cuando salieron, caminando ya despacio, parecían recién duchados. Estaban limpios y con la cara plena: «La espiritualidad», pensé otra vez con envidia.

Puede que esa haya sido la ventana por la que ha entrado el pájaro.

Llevo toda la vida buscando a Dios. Si hay algo que me hubiera gustado tener y no tengo es fe. Es lo único en lo que he insistido de verdad sin resultado decisivo.

Ya de adolescente vivía en una oscilación constante entre el sí y el no. Me recuerdo escuchando muy atenta en las clases de religión con mil furores en la garganta: «Pero ¿cómo es posible? —quería preguntarle al profesor—, ¿cómo es posible que Dios, esencia del bien, nos haya creado imperfectos y nos castigue luego por serlo? ¿No sabía acaso Él, que todo lo sabe, que si hacía libre a Eva ella iba a alargar la mano hasta el árbol, que entre comer y mirar elegiría comer? ¿Y no le parece a usted tremendamente cruel y desproporcionado que, por ejercer la libertad que Él nos confirió desde la imperfección que también nos confirió, nos castigue luego con algo tan horrible como el sufrimiento, la pérdida del paraíso o la mortalidad?».

Cuando el sacerdote leía versículos como «Es más fácil que el camello entre por el ojo de una aguja que un rico entre en el reino de los cielos», volvía a arder de indignación. ¿Y el amor?, ¿y el perdón? Otra vez la brutal desproporción. La vida, incluso la más pecadora de las vidas, no es más que una palmada frente a la eternidad. ¿Es justo tener a *tu hijo* vagando eternamente en las tinieblas por una palmada mal dada?

La Santísima Trinidad, la virginidad de María o la transustanciación del pan y el vino, en cambio, no me creaban conflicto. Formaban parte del misterio. Y el misterio lo entendía porque lo sentía. Lo sentía cada vez que entraba en una iglesia vacía o cuando un día de primavera subíamos caminando a los montes vascos y, al llegar a la cima y mirar el horizonte, me quedaba absorta en el eterno reposo del valle. Lo sentía a veces cuando estaba leyendo en la biblioteca de abajo, junto al estudio, y oía a mi padre sacar una falseta nueva. El arte nos permite sentir que somos vecinos cercanos de lo desconocido, decía Simone Weil.

Todas esas veces, en la delicada claridad del paisaje, en la penumbra quieta de una capilla o en la visión gloriosa de la música, notaba una sublimación de la vida, un eco en la belleza que trascendía lo humano.

En una ocasión, en mi búsqueda incansable, fui a visitar a un sacerdote del que me habían hablado muy bien. Era un hombre joven con la mirada algo triste. Charlamos mucho rato, yo de mis dudas, él de sus certezas: «Siempre hay duda en la fe —me dijo—, pero, si hay un rastro claro de Dios en el mundo, es la belleza. Es el *Cristo crucificado* de Velázquez o *El Mesías* de Händel. Es la risa súbita de un niño en la calle».

Seguí buscando. Chesterton, Pascal, las encíclicas, san Agustín. Sin embargo, fueron pasando los años y empezó a morir gente a quien quería —mis abuelos, mis tíos— y a haber terribles accidentes entre gente de mi edad. En cada funeral, al escuchar la homilía, pensaba: «¿Cómo pueden consolar estas palabras huecas y rimbombantes a nadie? "Gloria celestial", "designio divino", "consuelo eterno". ¿Por qué no hablan desde más cerca, desde la humildad, desde la duda? ¿Por qué no cuentan que la lógica no alcanza, que somos muñecos de un cómic intentando entender el relieve? Que tampoco nuestra cabeza es capaz de concebir la infinitud del universo y aun así no lo cuestionamos. Que no se trata de entender, sino de confiar». Pero después recapacitaba: quizá no era buena idea cambiar el discurso. Mejor o peor, llevaba dos mil años funcionando.

Por aquel entonces ya había leído a Spinoza, en mi opinión una de las mentes más poderosas y libres de la filosofía. Él hablaba de un Dios que lo es todo; lo demás, nosotros incluidos, somos atributos de ese Dios, que no es ajeno ni antropomórfico, sino la sustancia única y eterna a la que pertenecen la materia, el pensamiento y la razón. Spinoza, que fue excomulgado por estas ideas, estudió a fondo todos los ritos de la Iglesia. La fórmula de la misa, como muchas otras cosas, quedó establecida en el Concilio de Nicea. El emperador Constantino, que había legalizado el cristianismo hacía muy poco, necesitaba una doctrina fuerte, que cohesionase su vasto y fracturado imperio y combatiese el arrianismo y, con él, cualquier duda sobre la naturaleza divina de Jesús. Se reunió, pues, con 318 obispos y, con mucho debate de por medio, decidieron qué sí y qué no. Los Evangelios y la fecha de la Pascua y la del nacimiento de Jesús, así como la consolidación de la Santísima Trinidad, quedaron establecidos allí. El asunto de la misa, en cambio, fue más complicado, ya que había que asegurarse de que las masas, educadas en una rica tradición de rituales paganos, aceptasen sin titubeos la nueva liturgia. Así que reempaquetaron lo que había: los mecanismos de control más eficaces del Imperio romano. En primer lugar, la arquitectura, creada a imagen y semejanza de la basílica romana. En este centro administrativo, no religioso, era donde el magistrado dictaba sentencia y proclamaba edictos. Por eso al entrar no tiene uno la sensación de estar entrando en la casa de un padre amoroso, sino en la de un juez todopoderoso. Eso inconscientemente lo empequeñece. La casulla y la estola, inspiradas en la toga del magistrado o el senador, contribuyen a esa sensación de estar ante un representante de la autoridad. Después estaba la manipulación de los sentidos: el incienso que, además de crear una atmósfera sobrenatural, tiene una resina que altera sutilmente la conciencia; la música gregoriana —sin armonías, repetitiva— para bajarte de beta a alfa, de lo lógico a lo emocional igual que los tambores de un chamán, y luego, ya medio adormecido, el arrodíllate, levántate y arrodíllate otra vez. Spinoza comparaba esta coreografía de obediencia, de sumisión física, con la de los militares del Ejército romano con el emperador. El cuerpo claudicando antes de que la mente se pregunte nada. Toda la liturgia sigue en esa línea de verticalidad psicológica. El «Yo confieso», el «Señor, ten piedad». La culpa. El eres defectuoso, un pecador. Y ya, con la autoestima aniquilada, ellos como solución. La comunión —que internaliza el sistema en el plano más visceral—, el perdón y el «Podéis ir en paz». Reprogramados solo hasta la semana que viene, porque la confesión es un alivio temporal.

Esto, que en la primera lectura suena a pura ingeniería social, abre también la puerta a una duda: ¿qué otra reunión del mundo, qué otro concilio, congreso o asamblea de la historia, ha creado una ceremonia de tanta belleza y, sobre todo —y esto es lo más asombroso—, de tan perdurable lealtad? ¿Cómo se explica que estas palabras que me suenan tan inverosímiles como las declaraciones de amor de una ópera lleven consolando a millones de personas desde el albor de los tiempos? ¿Qué otro texto ha sostenido así su impacto a lo largo del tiempo?, ¿qué otro libro ha enloquecido a los grandes pensadores de Occidente de la manera en que lo ha hecho la Biblia? Nietzsche, Kierkegaard, Spinoza, Pascal, Weil. Todos ellos han dedicado muchas horas de su vida a analizar e interpretar el Génesis, el sacrificio que Dios le pide a Abraham, el Eclesiastés, el Libro de Job o la parábola de los talentos. Y esta es la duda: ¿puede esto con tanta fuerza haber sido diseñado solo por la mente humana? ¿No habría en esa reunión de Nicea una luz divina detrás?

«Yo quiero entender, no creer… No debemos afirmar lo que no se logra demostrar —le dice Antonius Block a la Muerte en *El séptimo sello*—. Quiero que Dios me tienda su mano, vuelva su rostro hacia mí y me hable…». Ese es el estado exacto de mi alma. Sigo necesitando entender. Al final del día no me basta con la intuición ni con la relevancia de aquel concilio, ni con la elocuente trascendencia de la belleza.

Me he preguntado a menudo qué hay en realidad tras esta búsqueda voraz. No es necesidad de sentido, de confirmar que somos algo más que una palmada entre dos oscuridades. No es tampoco mi pánico a la muerte. Los que tienen fe tampoco parecen querer morir. De hecho, celebran como un milagro que alguien salve la vida: «Ha sido Dios», dicen regocijados si alguien sobrevive a un terrible accidente o a una enfermedad de pronóstico incurable. ¿No deberían estar deseando reunirse con el Creador?, ¿no debería ser ese el milagro (la llegada al paraíso, el reencuentro, la eterna felicidad)? Me hace gracia la anécdota que cuenta Bertrand Russell en un artículo que tituló «Estoicismo y salud mental»: «El difunto F. W. H. Myers solía contar cómo preguntó a un hombre, durante una comida, lo que pensaba que habría de sucederle cuando muriera. El hombre trató de ignorar la cuestión; pero, al ser presionado, replicó: "¡Oh! ¡Bien! Supongo que alcanzaré la gloria eterna, pero me gustaría que no hablara usted de cosas tan desagradables"».

Tampoco tiene que ver con esa nostalgia de lo absoluto que, según Steiner, está detrás de gran parte de la historia política y filosófica de los últimos ciento cincuenta años en Occidente.

El comunismo o el psicoanálisis han sido, en su opinión, «intentos, más o menos conscientes, más o menos violentos, de llenar el hueco que dejó la erosión de la teología».

Si sigo buscando sin descanso es por otros motivos. El primero de ellos es mi incapacidad de asumir la aleatoriedad de ciertas formas de dolor. Quizá porque soy hija de esa sociedad paliativa de la que habla Byung-Chul Han; de ese mundo feliz en el que el sufrimiento «está estrictamente prohibido». No lo sé. Pero hay en mí una resistencia muy profunda a creer que en una naturaleza en la que todo es causa-efecto y acción-reacción existan ciertos sufrimientos porque sí. No hace falta explicar a qué me refiero. Todos hemos sido testigos de muertes sin sentido y enfermedades sin piedad. De niños abrazados al cuerpo de un hermano que ya no responde. Esto, que según la teodicea es la prueba de un no Dios —si Dios es justo y permite esto, es que no hay Dios—, a mí me lleva a lo contrario: la única respuesta posible al dolor extremo es el misterio. Que pertenezca a ese orden de cosas, como la eternidad o el alma, que no somos capaces de entender. Que, como dice *El libro del esplendor*, la gloria de Dios sea tan sublime y esté tan lejos de la comprensión humana que deba permanecer para siempre en el misterio.

El segundo motivo, sin duda el más poderoso, es que no concibo la separación definitiva de aquellos a quienes quiero. De mis hijos. De mi madre. De mis hermanos. No fui capaz de concebir, cuando vi a mi padre bajar de un avión dentro de una caja blanca, que nunca más volvería a verlo. A tocarlo. A olerlo. Nunca en toda la eternidad.

Ha dejado de llover. La negrura se va deshaciendo velo a velo, soledad a soledad. El mar se separa del cielo y alrededor todo vuelve a esbozar su perfil: las columnas de hormigón, las copas de los árboles, los charcos negros en la arena y las uñas descascarilladas de mis pies. Dos grietas amarillentas rompen de pronto el cielo y con la llegada de la luz siento al fin cierta paz. O rendición. «Déjalo estar. No hay nada que hacer. Pasará como ha pasado otras veces».

La sensación de vacío es horrible, quizá la más horrible que exista. Por incomprensible, por inmóvil, por abismal. Pero tal vez sea inevitable caer ahí de vez en cuando. Al fin y al cabo, somos vacío. La materia es vacío, el átomo es fundamentalmente espacio vacío. Y a lo mejor, si el cuerpo y el espíritu son de verdad un reflejo mutuo, por dentro seamos lo mismo. La red de un pescador. Una trama de deseos, temores, memoria y sueños, y entre cada hebra, definiendo en esencia el dibujo, la nada. Acaso ni siquiera existiríamos sin ese vacío. El Panteón se sostiene en el agujero del techo. Sin él, la construcción se vendría abajo. Sin ese espacio vacío, nunca entraría la luz.

Así que déjalo estar. Déjate mecer por el oleaje de la vida sin preguntarte mucho más. Sintiendo. Asombrándote cada vez que nace un niño con los dedos perfectos, el corazón bombeando y una galaxia entera dentro de su cabeza. Deteniéndote en cómo emprenden las golondrinas el vuelo. Cerrando los ojos para que el vaivén de la orilla te traiga en su eco las voces de aquellos portugueses que hace quinientos años cargaron sus barcos de canela y marfil, y la del intrépido inglés que se asomó a la costa desde un buque negro golpeado por el mar y se preguntó qué tal se daría el té en esa tierra de nombre incierto.

No sabemos nada de lo importante ni vamos a saberlo nunca. Ni a dónde vamos, ni por qué estamos aquí, ni si existiremos después. Como mucho, apenas una impresión. Asomarse a veces por una cerradura y notar una sombra moviéndose detrás.

Yo la vi una vez. Una noche helada de febrero. Era tarde. Habíamos terminado de cenar. Estaba sentada con mi hermana y unas amigas en el suelo del salón. Bebíamos vino y nos reíamos con las puertas cerradas para no despertar a los niños, que dormían desde hacía mucho. Casilda tenía entonces cuatro años. Pipe, dos. En el armario de su habitación había una guitarra pequeña. Se la habían regalado a Pipe en su bautizo. Como todavía era muy pequeño para tocar, la metimos en ese armario y no la habíamos vuelto a sacar. De pronto, cerca de las dos, Pipe apareció en lo alto de los escalones. Llevaba el pijama de cuadros y la guitarra en la mano. No dijo nada. Empezó a tocar, a tararear y a reírse. En ese momento, al otro lado del mundo, acababa de morir mi padre.

La intemperie

EL CARBONERILLO, fandango

«Uno entierra muchas veces a sus padres en la imaginación», dice Gospodínov en *El jardinero y la muerte*, el libro más triste y luminoso que he leído sobre la orfandad. De niña yo solo enterraba a mi madre. Cientos de veces. Llorando de angustia hasta quedarme dormida. Mi hogar era ella. La leche caliente, la lamparita en la noche, la cara en la ventana camino del colegio y el costado de lana gruesa junto al que echarse a soñar. Mi padre era fascinante porque todo él era aventura, pero pasaba seis meses al año fuera de casa. No estaba lo bastante cerca para encabezar mis miedos.

Si la realidad hubiese sido otra, lo lógico es que, al menos a partir de cierta edad, mi angustia hubiese sido por él. Fumaba más que nadie a quien haya conocido —es casi imposible encontrar una foto de él sin un cigarro— y llevaba trabajando a un ritmo asfixiante desde los trece años. El esfuerzo físico de un jornalero y la tensión irrespirable del auténtico creador, esa vegetación interna tortuosa y sofocante que padecía hasta dormido. Sin embargo, nunca imaginé su muerte.

Lo más lejos a lo que llegaba mi cabeza era a una llamada suya, mayor y cansado: «Estoy *preocupao*, me han encontrado una manchita en el pulmón…». Ahí terminaba la escena. Nunca seguí más allá. No era capaz de imaginarlo en una silla de ruedas por los pasillos de un hospital. Ni con una vía en el brazo o una de esas batas que dejan el culo al aire. Tampoco era capaz de imaginarlo bajando en un féretro blanco de un avión comercial.

Solo una vez navegué mentalmente por esas aguas. Tenía dieciséis años y mi abuelo Antonio acababa de morir. Mi padre estuvo todo el velatorio en silencio, de pie, con las dos manos recogidas delante y mirando a la muerte con fijeza desde el otro lado del cristal. No pronunció una sola palabra, pero en la hondura de su silencio había un despeñadero. Había perdido su espina dorsal, la persona que le había dado estructura, que le hizo ser quien era. No lloró —nunca vi a mi padre llorar—, pero, salvo por algún monosílabo, siguió callado todo el viaje hasta Algeciras. Entonces, cuando estábamos subiendo por el camino del cementerio, se aclaró la garganta con un carraspeo y dijo: «Cuando era niño subí esta cuesta con mi padre para enterrar a un vecino. Recuerdo que pensé: "Algún día subiré por aquí para enterrar a mi padre", y mira, aquí estoy». Esa mañana clara y triste, con el Peñón al fondo y su traje azul oscuro, vi lo mismo que había visto él tantos años atrás. Me vi enterrando a mi padre. Quise cogerle la mano, pero no me atreví.

En torno a la muerte todo es incierto. No se sabe cuándo, se suele fallar en el cómo y, desde luego, se desconoce todo sobre el después. Con esto último no me refiero solo al que se va, sino también al que se queda. Del mismo modo que no se tiene la menor idea de cómo va a ser una como madre, no hay manera de intuir cómo va a ser de huérfana. Son dos estados que sacan fuera lo que siempre estuvo escondido.

¿Quién iba a pensar que yo, que jamás había podido imaginar la muerte de mi padre, no sería capaz de hacer otra cosa cuando sucedió? ¿Quién iba a imaginarse que aquella madrugada púrpura de febrero solo querría entrar ahí, en el momento mismo, en su gerundio?

¿Cómo ha sido, papá?

¿Te has dado cuenta?

¿Cuánto tiempo antes lo has sabido? ¿Un segundo, dos, tres?

Sentada al borde del colchón, con la cabeza apoyada en las manos, giraba por dentro como giraba todo por fuera. Las paredes. La cama deshecha. Las ventanas con el vaho. La oscuridad.

«Ha sido de pronto —me dijo mi hermana Antonia por teléfono—. No se ha enterado. Ha abierto mucho los ojos y, después, ya».

Ha abierto mucho los ojos.

Alejandro estaba en Portugal, así que estaba sola en la habitación. Y en lo demás. Me puse un pantalón y un jersey negros, y subí las escaleras hasta el cuarto de los niños. Era el cerebro mecánico quien se encargaba, quien se había puesto a los mandos. El otro seguía con él, tratando de acompañarlo en su último instante, de no abandonarlo. Igual que cuando salía solo al escenario y quería abrazarlo mirando.

¿Cómo ha sido, papá?

¿Un vértigo? ¿Un desconcierto?

¿Se te echó encima una luz o una oscuridad?

Les di un beso a los niños en la frente y fue como tocar un ancla. La chica que trabajaba en casa se recogió el pelo asustada cuando entré en su habitación. Al enterarse me abrazó; es el único abrazo que recuerdo de aquellos días, y fueron muchos.

Me subí al coche y salí de la urbanización, oscura y quieta. El invierno flotaba congelado en el haz de luz de las farolas. Todo tenía sentido: la noche, el silencio, la lentitud. No hubiera pegado que se hubiera muerto de día, con el pitido de los coches, la grúa de la obra y los ladridos del perro. Lo lógico era eso, el silencio reverencial, la calle convertida en un pasillo solemne de árboles altos y cabizbajos. El cielo inclinado. Las casas en sombra. Al fin y al cabo, estaba pasando la muerte por delante.

No fui capaz de poner música.

Aún no noto el dolor, solo algo detenido dentro. En esas analogías que hacen aquí entre el cuerpo y lo otro, se podría hablar del lapso que tarda la herida en sangrar. Hay un intervalo blanco. Dolor, intervalo blanco, sangre. Estaba en el intervalo blanco.

El cuerpo nos da tiempo. Cierra compuertas, espera y deja abierta solo una pequeña válvula, el espacio justo para que vayamos sabiendo y, al mismo tiempo, podamos mantenernos en pie.

Recogí a Chía en la calle más invernal y solitaria que recuerdo. Bajó con un abrigo negro atado a la cintura y la cara de otra persona. Fuimos a casa de mamá en silencio, ella dentro de su submarino y yo del mío.

Ha abierto mucho los ojos.

¿Qué viste, papá?

¿Fue alguien a recogerte? ¿Te esperaban tu madre y tu padre? ¿Tus hermanos? ¿O solo viste el barranco?

¿Se te pararon al mismo tiempo la cabeza y el corazón?

Mamá estaba en bata, cálida, mullida y con ese llanto que siempre me da ganas de llorar. Los ojos curvados hacia abajo, como la perrita de *La dama y el vagabundo*, y un parpadeo rápido, entre infantil y digno. Mi hermano estaba durmiendo esa noche allí. Nos sentamos frente a la mesa de la cocina los cuatro. Nosotras apenas hablamos, y Curro, el nuevo hombre de la casa, trató de organizar en voz alta la logística: los certificados, el entierro, el traslado, el cuerpo. El cuerpo. No hay ninguna otra palabra que se muera tanto con la muerte.

Aunque parecía imposible, empezó a amanecer en el patio. Y en ese momento, con la fuente y los geranios sacudiéndose la negrura al otro lado del cristal, terminó nuestro duelo íntimo y comenzó el del resto del mundo.

Recuerdo las horas siguientes como un tornado. Teléfonos, timbres, informativos, gente llegando, abrazos, ojos llorosos, ropa negra, una mano metiéndome una pastilla en la boca, las voces de la eficacia tratando de amortiguar la tragedia: «No, hoy no lo pueden traer», «¿Has llamado a fulanito?», «Me dicen algo enseguida».

Qué insustanciales parecen los vivos al lado de los muertos.

Fui a la cama de mamá, me tapé con el edredón y apagué el móvil. En el antiguo tocador de caoba, al borde del espejo, había una foto de ellos cuando eran novios. Él estaba de pie con una cazadora de piel y la tímida sobriedad de entonces. Apoyaba la mano en el hombro de ella, que estaba sentada en una piedra y sonreía. La mirada de mi madre era alegre e irónica. La de él, pura y enamorada. Entre los dos, el corazón mismo de la vida. Aunque había visto esa foto mil veces, aquel día era nueva. En las fotos de los vivos hay una prolongación, un hilo de luz que continúa fuera del encuadre. Cuando alguien muere, ese hilo se rompe y la imagen queda clausurada. Ese día también la foto dejó de respirar.

Muerto. Estaba muerto. La palabra se desplomó inmensa y definitiva. Muy al fondo de mí, en ese jardín dorado en el que la magia convive bien con la verdad, creí que la muerte iba a hacer aquí una excepción. Que iba a pasar de largo por esta puerta. Creí que, como la había mirado mucho, existía entre nosotras cierta afinidad. Y que eso acabaría en clemencia. Herir a alguien se complica cuando te mira a la cara. Y yo llevaba toda la vida mirándola. La miraba cuando Julia, la señora que nos cuidaba, mataba una mosca con la zapatilla. Me acercaba a la muerte y le preguntaba: «¿Cuál es el truco?, ¿cómo es posible que hace una milésima de segundo hubiese vida aquí y de pronto ya no?».

Cuando murió mi abuela Casilda volví a sentir, además de mucha pena, ese mismo desconcierto. Ella estaba dormida en la cama del hospital y yo tenía su mano agarrada. Las manchas marrones, las uñas rojas con la media luna y ese pulgar, baluarte mínimo de sus afectos —mi abuela no abrazaba, no besaba ni se dejaba besar, pero, cuando se sentaba a tu lado, te acariciaba el brazo con el pulgar—. De pronto, sin ninguna clase de anticipo, hizo un ruido con el pecho y su mano se desplomó. Volví a buscarle la cara: «¿Dónde está?, ¿dónde te la has llevado? ¿Por qué agujerito le has sacado la vida?».

Pero fue inútil. No pasó de largo. Ahí estaba, clavada en mis costillas como en las de los millones de hijos que habían perdido a un padre antes que yo. «Piensas que nunca te va a pasar —dice Paul Auster hablando de la muerte de su padre—, que es imposible que te suceda a ti, que eres la única persona del mundo a quien jamás le ocurrirán esas cosas, y entonces, una por una, empiezan a pasarte todas, igual que le suceden a cualquier otro».

Lloraba como respiro, sin notarlo. Seguía tapada en la cama y mi cabeza intentaba echarme una mano, ofrecerme una barandilla a la que agarrarme: «Imagina que es otra cosa, imagina que se ha ido a vivir a una isla a la que no se puede llegar. No está muerto, solo incomunicado. No vas a verlo más, pero existe, está bien, está aquí».

Esa idea me alivió. Que esté, da igual que no sea conmigo, pero que esté. En mí el horror de su muerte no estaba en la separación. Estaba acostumbrada a estar lejos de él. Crecí en su ausencia, asumiendo, desde muy niña, que un padre como el mío nunca es del todo tuyo. Cuando ya fui mayor seguimos viéndonos poco, tres o cuatro veces al año a lo mejor. Pero hablábamos mucho por teléfono y con eso bastaba. Si iba conduciendo cuando me llamaba, paraba el coche en el arcén. Sabía que la conversación sería larga. Hablé con él de cosas muy importantes sentada en el asiento del coche. De la fe, del paso del tiempo, de la libertad, de la importancia del humor en el amor. Algunas de esas conversaciones están entre las más importantes de mi vida.

Quiero decir con esto que mi padre siempre consiguió estar aunque no estuviera. Ni siquiera la muerte pudo cambiar eso. Pasé muchos meses sintiéndolo más cerca de lo que lo había sentido nunca. Estaba en todas partes. En el chasquido de un mechero, en las orillas de todos los mares, en el partido del Madrid, en los abrazos del aeropuerto, en los boquerones del de la mesa de al lado. En las nubes. En el ventanal de ese dormitorio al que había ido a refugiarme y por el que, de niña, lo veía llegar de las giras.

Los muertos no se van de golpe. Se van yendo. La *no existencia* es gradual.

Hoy, sentada en otra cama blanca diez años después, buceando en el terrible desgarro que sentí, me doy cuenta de que lo que más me impresionó, el epicentro de aquel dolor, fue la sensación de que todo lo que nos era común había desaparecido. La luna, que ya nunca podríamos mirar al mismo tiempo. La sección de ciencia del periódico, que leía solo para comentarla con él. La conversación en el arcén. El carraspeo. El «¿Qué hay, vida mía?». Al otro lado no hay teléfonos ni voces marineras. Al otro lado no hay ventanales ni giras largas. Donde él está, si es que está, ya nada tiene que ver conmigo.

De los días siguientes solo han quedado fragmentos. Colores, otra vez. El gris húmedo de la pista de aterrizaje. Las gafas negras de Chía. La cara blanca de Curro. Y ese féretro, blanco también, bajando absurdamente ajeno por la escalera del avión procedente de Cancún. Mi cabeza volvió a echarme una mano. Para no entrar en lo que de verdad significaba esa imagen, se quedó refugiada en lo estético: «¿Blanco y dorado? —pensé—, ¿como Elvis Presley?». A él le hubiera dado lo mismo. «Como si queréis echarme al cubo de la basura», solía decir indiferente. Esa lógica epicúrea del cuando la muerte está, tú ya no estás. Pero a mí sí me importaba. Ahí dentro estaba su risa, las pecas de la espalda y las manos que se frotaba contento cuando iba a empezar a comer. Ahí estaba la pequeña hendidura en la punta de la nariz, el ceño fruncido de cuando veía algo más que los demás y esos ojos somnolientos y alegres de los despertares felices. Pedí que fuera de madera. Fue la única claridad de esos días. Si mi padre no hubiera sido hombre, hubiera sido madera.

La escena del aeropuerto fue tan impactante, tan sobrecogedora e inadmisible, que mi cuerpo volvió a refugiarse en la nebulosa. No recuerdo nada del auditorio, ni de la vuelta a casa esa noche, ni del viaje hasta Algeciras. Era una bola de polen a merced de la corriente. A veces abría los ojos y veía la lluvia, las banderas del ayuntamiento, las masas de gente, el campanario, la boca del sacerdote, la foto en el móvil de mis hijos jugando en la nieve, las pesadas cortinas del hotel María Cristina y el brazo caliente de mamá. Al final, antes de otro fundido a negro, la caja entrando en la tierra agarrada por unas cuerdas.

Durante esos días en los que el tiempo se puso a disposición de mi alma y me escoltaba desde atrás, solo dos cosas permanecieron inalterables: el llanto respirado y la pregunta dentro, una y otra vez, «¿Has tenido miedo, papá?».

Pasó el vendaval. Pasaron aquellos días oscuros de manchas flotando y persianas bajadas. Poco a poco la vida volvió a posarse clara y leve como la versión anterior. Pero era un espejismo. «Ponme delante una niña igual que ella —le decía en *El exorcista* la madre de Regan al padre Carras—: Dame una réplica exacta de mi hija, con la misma cara y voz, y yo sabré que no es mi hija». Si alguien nos hubiera mirado por una ventana, nada parecía haber cambiado. Las huellas de barro en el salón, un «me pica el jersey», la veleta girando oxidada los días de viento, los cocidos en el jardín con nuestros amigos y la mirada agradecida de Lala cuando en las noches de mucho frío la dejamos entrar a dormir en casa. De frente la realidad era la misma, pero, si se la ponía de perfil, se notaba enseguida cuánto había adelgazado. Después de él, el mundo se volvió más fino, más frágil. Ya nada era irrompible: la muerte no iba a perdonarnos la vida. Y yo, que había vivido en una plácida inconsciencia hasta entonces, que ni siquiera cuando nació Casilda me angustié más de lo razonable con ninguna enfermedad, me levantaba ahora en mitad de la noche para ver si respiraban. «La cuestión es no bajar nunca la guardia —advierte la madre de Hamnet en la novela homónima—. No creer nunca que se está a salvo. No dar nunca por hecho que el corazón de tus hijos late, que beben leche, que respiran, que andan y hablan, sonríen, discuten y juegan. No olvidar ni un momento que pueden desaparecer, que te los pueden robar en un abrir y cerrar de ojos».

Dormía con el teléfono bajo la almohada por si le pasaba algo a mi madre.

Dejé otra vez de fumar.

El tiempo y el espacio tampoco eran exactamente los mismos. Empezaron a formar figuras extrañas, a girar y a hacer vertiginosos picados, como una bandada de pájaros que no encuentra la dirección del calor. Un segundo estaba aquí, abriendo el grifo de la bañera, y al siguiente allí, en la mesa de su casa de Xpu-Ha, tratando de ver lo que había desayunado aquella mañana. ¿Fruta?, ¿pan con aceite?, ¿café? No conseguía imaginar su café sin un cigarro. Y hacía un mes y medio que no fumaba.

Luego volvía al presente y pasaba algunas horas en la antigua linealidad del tiempo. Los deberes, el baño, la cena. Al final del día me metía en la cama con un libro, el que fuese, y de pronto las letras alteraban su orden y ya no eran mi libro, sino Dickens, *Para leer al anochecer*, página veintiséis. Fue lo último que leyó. Y me preguntaba: ¿lo supo de alguna manera?, ¿supo, igual que anticipa el cuerpo el final del amor, que esa era su última lectura? ¿Contó las páginas que había leído y las que le quedaban por leer?

Cuando me metía en el coche para llevar a los niños al colegio, no conducía por el barrio de las casas solemnes y los árboles cabizbajos, sino por la Federal 307, esa autopista de márgenes verdes y cielo abierto que fue su último trayecto. Y cuando todos creían verme tumbada en el sofá del salón, yo estaba en realidad en un vuelo La Habana-Cancún preguntándole por qué ese viaje. Si había intuido algo, si, como los perros a los pies de sus dueños, volvía a su casa a morir. Preguntándole si notaba algo distinto al cruzar esa vez el cielo. Una llamada. Si se le ocurrió, en su eterno tarareo íntimo, una última forma de rematar.

Esa Semana Santa mi madre nos llevó a todos a la isla de Guadalupe, en las Antillas francesas. Habían pasado dos meses de la tragedia y consideró que era el momento del segundo dolor. En el primero no hay más que «grito, a veces ahogado, o silencio»,* pero llega un día en que se puede empezar a repartir la carga. Sobre todo entre los que llevan a sus espaldas los mismos vacíos que tú. «A mi izquierda y a mi derecha caminaban mis dos hermanos —escribió Canetti sobre el entierro de su madre—. No sentía ninguna diferencia entre ellos y yo; mientras caminábamos éramos una misma cosa, lo éramos nosotros, pero nadie más». Mi madre, que siempre ha tenido una exquisita sensibilidad para los cuándos, supo que había llegado el momento de hacer ese viaje. Que las palabras podían empezar a

---

* Ana Carrasco-Conde, *La muerte en común*.

ejercer ya lo que Gorgias llamaba su «poder hechizador». Que necesitábamos reunirnos, hablar, recordarlo en común para que de una forma natural el sufrimiento fuese ajustando su medida, encontrando mesura. Para evitar ese dolor del dolor del que habla Ana Carrasco-Conde en su extraordinario ensayo *La muerte en común*. Creo que también era su forma particular de tributo. A él. Y a él con nosotros. Nunca fuimos más familia que en aquellos viajes que hacíamos una o dos veces al año al otro lado del mundo. Allí no había interferencias. No había fama, ni guitarra, ni tortuosa creación. No había viernes con amigos, ni sofisticados palmeros. Eran solo ellos dos, libres, cómplices e indestructibles. Y nosotros tres: su estuario.

Así que eso hicimos, irnos juntos de viaje y hablar de él. Si en Madrid estaba en cada esquina, en el mar no había otra cosa. Él era el mar. Nos acordábamos de cómo bajaba a bañarse en Playa del Carmen, con ese bikini negro que a Chía y a mí nos daba tanta vergüenza. Andando rápido, un poco adelantado a sí mismo. Nos acordábamos de cuando un tiburón gato lo echó del agua y de cómo lo contaba después, con los ojos de un niño relatando una batalla de piratas. De la vez en que se empeñó en que fuéramos nadando a una playa «preciosa» que, mientras paseaba, había visto al otro lado de un peñón. Llegamos a la playa preciosa después de tres horas nadando y con el cuerpo en carne viva: había muy poca profundidad hasta el otro lado y todo el fondo eran corales de fuego.

No he conocido nunca a nadie que disfrutara del mar como él. De su olor, de su silencio, de la sal en la piel. Era hipnótico verlo meterse en el agua. Juntaba los brazos arriba, como una flecha, y se zambullía de un salto en el turquesa. Cuando salía, con los ojos cerrados y los mechones del pelo cruzándole la cara, parecía estar soñando.

Mis recuerdos más íntimos con él tienen que ver con el mar. Cuando era niña me llevaba muchas veces a pescar en su barca, un bote de madera con un motor azul que sonaba muy fuerte. Yo no pescaba —era muy pequeña para llevar un arpón—, pero, como aguantaba mucho sin respirar, me hacía bajar a las cuevas para buscarle langostas. Aunque yo ya sufría con la muerte y tenía que taparme los ojos cuando, esperando en el bote, los pescados saltaban y saltaban buscando el mar, pesaba más lo importante que me sentía con aquella responsabilidad.

Muchas tardes, en el camino de vuelta, se levantaba tormenta. El cielo se oscurecía y los peces quebraban la superficie del agua en una fugaz huida de plata. Cuando empezaba a llover, me ayudaba a meterme bajo el banco de proa y me protegía del viento con la ropa y las toallas. El resto del camino yo lo observaba por un agujerito. Imperturbable, con la gorrita calada y esa forma heroica de fumar. Agarrando rotundo el timón y mirando al infinito con una mirada negra que llevaba el infinito dentro.

Era imposible tenerlo delante y no sentir que las leyes que regían para él eran otras. Era imposible tenerlo delante y pensar que algún día iba a morir.

La psicóloga que tenía entonces decía que mi obsesión por volver a su final, por preguntarme cada uno de los días de aquel viaje que hicimos tras su muerte cuál habría sido su última mirada al mar, era fruto de la necesidad que tiene el cerebro, ante una muerte imprevista, de reconstruir el relato. Estoy segura de que hay parte de eso.

Las enfermedades largas son devastadoras. Para quien se muere y para quien lo acompaña. Hay un momento en *El jardinero y la muerte* en el que el autor describe la noche en que tuvo que ponerle pañales a su padre por primera vez: «Mi padre con pañales —escribe—, ese hombre respetable, lleno de pundonor, grande, alto, apuesto y susceptible...». El padre, desnudo y avergonzado, le dice: «Uf, mira cuántos problemas te estoy dando». Hay muchas imágenes sobrecogedoras en el libro, pero esa es la que más dentro se me ha quedado. En ningún caso hubiera querido eso para mi padre. La duda es si lo hubiera querido para mí. Si hubiera preferido un dolor dosificado, ola a ola, o el apagón. Si hubiera aceptado verlo sufrir con tal de poder despedirme, cuidarlo, ser yo quien lo resguardase de la tormenta bajo una proa.

Hablamos mucho de eso durante aquel viaje. De qué hubiéramos preferido cada uno. La temperatura de la habitación bajando poco a poco hasta quedarse helada o directamente el alud. Ninguno teníamos respuesta. Yo sigo sin tenerla.

Cuando volvimos a Madrid, el duelo quedó en suspenso. Mi hermano Curro llevaba tres años preparando un documental sobre nuestro padre, *La búsqueda*, del que yo era coguionista y que nos habíamos comprometido a presentar en el Festival de San Sebastián. Nos quedaban veinte minutos de metraje para acabarlo. Habíamos previsto cerrar la historia con una última entrevista en Playa del Carmen, adonde teníamos previsto viajar dos semanas después de que muriera.

Como eso ya no era posible, nos encerramos en su estudio, el mismo en el que compuso *Siroco* y donde ahora trabajaba Curro, para revisar todo el material que teníamos y encontrar la forma más bonita de despedirlo.

Durante dos meses vivimos a oscuras, pegados a una pantalla gigante viéndolo hablar, reír, ahuecarse el pelo por atrás y cubrirse el cuerpo de barro con sus amigos del Sexteto en una playa de Brasil. Vivimos el dulce engaño de que seguía allí.

Después del estreno y de todo aquel furor tuve un sueño. Uno de esos sueños tan reales que deben de serlo. Yo estaba en el andén vacío de una estación. Era un día soleado. De la nada, apareció él. Llevaba un abrigo negro muy largo y tenía la cara relajada, apacible. Hablamos mucho rato, pero solo recuerdo una frase: «Quédate tranquila, hija. Yo estoy bien. De verdad que estoy bien».

Dos o tres días después de aquel sueño me llamó Antonio Lucas. Estaba coordinando el libreto que acompañaría la edición especial del documental y pensó que sería bonito incluir un texto mío. Esto es lo que escribí:

De las giras largas llegabas temprano. Estábamos todavía en la cama cuando ese timbrazo tuyo, entre pitido madridista y toque por tangos, venía a acelerar los latidos de la mañana. Corríamos al ventanal de tu habitación, que daba a la entrada, y pegábamos la nariz al cristal. Como los mares de Moisés, el viejo portón se abría por la mitad y con Carlos o Manolo al volante, tus amigos de siempre, entraba el Mercedes rojo. Tras la penumbra del cristal ibas apareciendo a pedazos: los pómulos, la gorra, la mirada negra y las mil batallas libradas en la oscuridad.

De algún modo, aquellos fogonazos furtivos apaciguaban la inquietud, el nerviosismo, ese no saber bien de qué hablar de los reencuentros delicados. Por eso nos gustaba verte llegar desde allí; para ir alisando los pliegues de la distancia. Sacabas del maletero tus cosas, tu guitarra, los regalos, el tabaco del *duty free* y, al terminar, alzabas la cara para buscarnos tras el cristal. Entre las vetas del cansancio también a ti se te notaba un asomo de inquietud, el titubeo torpe del que vuelve de la soledad. Nos sonreíamos, agitábamos las manos y despacio, con ese arrimarse decoroso de los viejos amores, todo volvía a empezar.

Hoy, sentada delante del mismo ventanal de mi niñez, me sobrecoge más que nunca verte llegar. Vienes con el abrigo azul marino, la gorrita de siempre y unas deportivas muy grandes. Te detienes un segundo a tocar las hojas del laurel y después sigues el camino mirando al suelo. Subes las escaleras ágil —nunca tuviste edad— y cuando abro la puerta me abrazas en esa inmensidad tuya de tabaco rubio, colonia reciente y viejo hombre de mar. «¿Qué hay, corazón?», preguntas buscándome la respuesta en la cara. Estás guapo, relajado y moreno. Te lo digo. «Es que estoy en la gloria», te ríes y el eco de tu carcajada te sigue hasta el salón. Te sientas donde siempre, una butaca de esquina, roja y gastada, al lado de la chimenea. Subes las dos piernas, una sobre la otra, a la mesa redonda de cristal y me hablas del infinito con esa mirada honda y fija de cuando quieres contagiar. «Aquello es increíble. Tengo una casita delante del mar que es una preciosidad. Antigua, llena de limoneros y con una alberca pequeñita pero en la que se puede nadar. ¡Hay una fruta, Sisi!, ¡y un *pescao*!», y entornas los ojos negando con la cabeza en esa inigualable escenificación tuya del placer. «¿Te acuerdas del boquinete de Méjico? Bueno, pues mejor. Una maravilla; de verdad, hija». ¡Qué bonito le suena el «hija»! ¡Qué bonito suena todo en él! «¿Hay café hecho?», preguntas y vuelves a carraspear como arrancándote un forro del pulmón. Podría definirse a un hombre por los ruidos de su costumbre, pienso y hago repaso de los tuyos: la tos bronquial, el leve crujido del pelo cuando te lo ahuecas por detrás, el suspiro de gusto al sentarte o el rasgueo mudo de las cuerdas contra esa servilleta de papel que colocabas en la boca de la guitarra para no molestarnos al ensayar. No hay café, así que pongo la cafetera al fuego. Te gusta de puchero. Con el primer sorbo te enciendes un cigarro; uno de esos largos que fumas ahora. «Solo estoy fumando diez o doce al día», dices contrayendo la cara angulosa tras el velo de humo y cambiando rápido de tema. «Bueno, ¿y por aquí qué?». Te cuento las cosas más raras que han pasado desde que te fuiste. Lo inverosímil, los chismes jugosos, las cosas de mamá. «Qué modernas tus zapatillas, papi», te digo al acabar. «Sí —sonríes—, me las regaló el otro día un trompetista de Chicago que es un bicharraco. Pero me están un poco *apretás*».

Ahora vuelves a hablar tú. Me cuentas que estás tocando mucho, «pero ya por fin *relajao*, disfrutando»; que el otro día os liasteis «de fiesta en la casa» con el bicharraco, el Donday y dos o tres más y os dieron las ocho de la mañana. Me cuentas también, con los ojos muy abiertos, que has conocido por fin a García Márquez: «*Na*, un día me lo encontré por allí y cenamos juntos. ¡Qué hombre más inteligente! Hay en alguno de sus libros un personaje calvo que describe perfectamente cómo se siente un calvo, así que le pregunté: "¿Cómo es posible que puedas definir eso así de bien con esa mata de pelo que tienes?". Se rio mucho». Te escucho hablar fascinada, atrapada en ese magnetismo tuyo de hombre milenario, de gran león, de sabio andaluz, y, mecida en tu voz suave y profunda como el viento del siroco al que diste inmortalidad, trato de no anticipar aún el vacío de tu ausencia. Pero ya ha caído la tarde al otro lado del cristal y cuando miras el reloj te pones corriendo de pie: «¡Uy, me tengo que ir ya, que va a empezar el partido!». No quiero que te vayas todavía, no quiero que te vayas nunca; pero siempre has sido tú quien lo decide todo en ese dejarte llevar. Ahora el abrazo no es de alegría, es de consuelo, y se me llenan los ojos de lágrimas como siempre que te vas. Tú, que no eres de llorar, contemplas el llanto con una mezcla de asombro y compasión. También como siempre. «No te pongas triste, vida mía. Que yo estoy muy bien». Luego, poniendo una cara que no sabría explicar, añades: «Ya no podía más». Asiento en silencio y me acaricias el pelo. «Tened mucho cuidadito, ¿eh? Y haced mucho caso a mamá». Te marchas sin mirar atrás. Solo en el último momento, con medio cuerpo allí ya, levantas la mano como cuando volvías de gira. Entonces, como en un resplandor, se te ilumina la cara con una gran sonrisa de niño. El niño que fuiste, el que no llegó a marcharse nunca porque nunca llegó del todo a ser, salvo quizá allí ahora, a la luz de la eternidad.

Han pasado más de diez años desde la muerte de mi padre. Escribo estas páginas tumbada en la cama, dentro de un dosel que se hincha y se deshincha como el cuerpo de una medusa. Sigue lloviendo fuera. Ya no escribo en carne viva. La tristeza se ha apaciguado hasta quedar convertida en un suave ruido de fondo, ese rumor de la sangre que sorprendió a Cage cuando perseguía el silencio. Nos acostumbramos a que no haya olor. Ni tacto. A pisar la hierba que ha ido creciendo sobre la ausencia.

Los niños me preguntan muchas veces si lo echo de menos, si me acuerdo de él. Acordarse no es la palabra. Suena a alto en el tiempo, a abrir y cerrar paréntesis. Uno no se acuerda de quien no se olvida. Flota siempre alrededor. A veces lejos, desenfocado, y otras veces nítido y quieto. Sería lógico pensar que lo tengo más presente en las fechas señaladas: su cumpleaños, Navidad o el aniversario de su muerte. O cuando abro Instagram y lo veo, tan guapo y tan genio, tocando la «Malagueña» de Lecuona o diciéndole a Jesús Quintero que los hombres que nacen junto al mar son más soñadores, que tienen otro sentido de la libertad. No es así. Verlo por todas partes pospone esa segunda muerte de la que hablan los judíos y que tiene que ver con el desvanecimiento. Con la angustia de presenciar cómo el tiempo va borrando la vida de quien quisiste, cómo, igual que la estela blanca del avión, se va deshaciendo su rastro. «Habrá un día en que ya nadie sobre la Tierra recordará a Daniel a través de una imagen móvil, cambiante —escribe Piedad Bonnett en *Lo que no tiene nombre* después del suicidio de su hijo—. Será apenas alguien señalado por un índice, con una pregunta: ¿y este quién es? Y la respuesta, necesariamente, será plana, simple, esquemática. Un mero dato o anécdota».

Como hija, agradezco la trascendencia de mi padre, porque impide que el tiempo lo engulla, pero lo cierto es que la mayoría de las veces, cuando lo veo a través del mundo, no noto el pellizco. Siento admiración, asombro, orgullo, pero no un pinchazo en el corazón. En esas imágenes tan públicas, tan de otros, con las huellas de tantos dedos en el cristal, no consigo encontrarlo conmigo.

El golpe de la emoción llega siempre por sorpresa. En un algarrobo. «Acabo de plantarlos. No me va a dar tiempo a verlos crecer», me dijo la última vez que estuve en Palma con él. En una esclava de oro. En las camisas sueltas de algodón. En un cuenco de naranjas o en los peces plateados que saltan en el mar los días de tormenta. A veces la sensibilidad se agita porque sí, sin ninguna razón concreta. Hace unos meses mi primo José Mari subió un vídeo suyo a las redes. Estaban en un camerino ensayando. Cuando terminaron de tocar, mi padre se quedó mirando a Carles Benavent, su bajista en el Sexteto, y le preguntó: «Eso es nuevo, ¿no, Carlos? Suena bonito». Me entraron muchas ganas de llorar. No sé por qué. Si fue por el contraste entre esa voz admirada del niño en el cuerpo de un hombre mayor o porque ese día estaba más sensible y volví a tener la sensación, que aún tengo a veces, de que el mundo perdió la magia cuando se fue.

Decía Edgar Allan Poe que hay cosas que no sabes que te duelen hasta que las escribes y las lees. Yo no sabía dónde me dolía ahora mi padre hasta que me puse a escribir. La tristeza de verdad ya no está en el tiempo que compartimos. Ahí puedo volver siempre que quiero. A veces con nostalgia y otras con alegría. Casi siempre con un poco de las dos. Sus anécdotas son ahora mías y las saco a menudo de la vitrina para enseñárselas a mis hijos. Les cuento aquella vez que suspendimos inglés y apareció en casa con el Pollito de California, un cantaor americano con el pelo muy rubio y la cara muy roja, y nos dijo: «Niñas, ya tenéis profesor de inglés». O que un día, al volver del colegio, me encontré a mi hámster patas arriba en la jaula, duro como una piedra, y le hizo el boca a boca con un boli Bic. El hámster revivió. Con tanta vitalidad, además, que le pegó un bocado en el dedo. «Me cago en los muertos del ratón…». Les cuento que, de noche, en Playa del Carmen, Tito Pepe se lo encontraba a oscuras en la cocina comiéndose la cabeza de un pescado. Y les hablo de la elegancia con la que ponía al de enfrente en su sitio. Durante una época hubo un tipo, un buscavidas, que lo perseguía de concierto en concierto para tratar de cerrar una actuación en Cádiz. Mi padre, que vivía entre el «ofú, no es *pesao*» y el «pobrecillo», no decía ni que sí ni que no. Una noche, cuando el tipo entró en el camerino por enésima vez, mi padre se sacó dos billetes de quinientos del bolsillo, se los metió en la mano y le dijo: «Toma, para tu mujer y tus niños, pero no me busques ya más conciertos».

A veces vuelvo a él sin necesidad de decir nada. En silencio. Aparece de pronto un recuerdo y me dejo llevar. Hay melancolía, sí, un latigazo de anhelo por poder volver atrás. Pero también hay reencuentro. El pasado ya no es la foto muerta de cuando murió. Ni siquiera la muerte está ya tan muerta. Ya no son sitios a oscuras: él vive ahora en los dos.

Hoy la tristeza está en los años de después. En toda esta vida sin él. En la parte del dibujo que quedó sin colorear. A veces el día de su cumpleaños, en el solsticio de invierno, le hago un resumen. Le cuento que Casilda y Pipe ya son mayores. Que aquella niña tan viva y espabilada que «parecía una *pulpeira*» es ahora una mujer y tiene la mirada más bonita del mundo. Que él es más alto que yo. Que después de ellos, nacieron dos más: Juan, que tiene como él una lucidez fuera de toda norma, y Curro, otro niño Curro, ordenado, tierno y un loco del Madrid. Que me separé, pero que no se preocupe, que estoy bien. Que Alejandro sigue siendo mi familia y ha ocupado el puesto vacante de gran consejero. Que hubo una pandemia que nos encerró a todos en casa. Que el Madrid ganó tres años seguidos la Champions y que la inteligencia artificial está desplazando a la humana. Que escribí una novela y me acordé de él en cada línea. Que, cada vez que escribía algo que al principio me gustaba y después no, seguía su consejo: «Fíate siempre de la primera impresión». Que a veces vi fantasmas y que por eso ahora escribo de la soledad. Que puede incluso que acabe siendo mi estado natural. Le cuento también que cada vez que llego a una de esas encrucijadas de la vida que no sé cómo resolver intento imaginarme lo que habría dicho él, que ante los problemas grandes, y cuando la opinión común estaba entre *a* o *b*, siempre encontraba una *c*. Le cuento que mamá ha ido haciéndose mayor, pero que sigue abriendo mucho los ojos cuando está contenta y curvándolos hacia abajo cuando está triste. Que sigue teniendo voz de manantial y manos de golondrina. Le digo que el mundo aún se acuerda de él. Que todavía no se han dado cuenta «de que soy un *bluff*». Que lo echo de menos. Siempre. Que fue imprescindible en mi manera de entender el mundo. Y que nadie ha vuelto a desmigarme el pescado para que no me trague una espina ni a ponerme a cubierto las tardes de temporal. Le digo, siempre al final, que ojalá pudiera bajar, aunque solo fuera un segundo, a decirme si está orgulloso de mí.

Decía mi psicóloga que la obsesión por volver a los últimos días de su muerte tenía que ver con la necesidad de reconstrucción. Había más cosas ahí. Estaba la necesidad de no dejarlo solo en esa soledad definitiva. Y estaba, sobre todo, la extrañeza. Una profundísima extrañeza. En ese jardín dorado en el que conviven sin molestarse la magia y la verdad, siempre había creído que mi padre era inmortal. Cuando lo observaba llevar la barca, cuando lo escuchaba hablar, cuando salía solo con su camisa blanca al escenario o cuando entraba después en el camerino y veía cómo lo contemplaba la gente sin ser capaz de hablar. Era imposible pensar que un hombre como él fuera a morirse como los demás.

Y no estaba del todo equivocada. No murió como el resto. Un pedazo de su alma se quedó para siempre aquí. En su guitarra. Escribo esto con él sonando de fondo y puedo sentir en cada nota el latido de su historia. La furia del hambre en los *picaos*; el amor y la duda en los trémolos; la inteligencia en la armonía, y la sensibilidad en el secreto antiguo de sus notas. Esa íntima conversación con el misterio de cuando subía del estudio a cenar, recostaba la barbilla en la mano y se alejaba de nosotros para subirse a lomos de lo infinito. Veo el mar en la Barrosa. Y la soledad en esos silencios perfectos que tanto temía de niña y que acababan justo cuando a la noche que llevamos dentro le nacía la siguiente ola.

El jardinero y la muerte empieza así: «Mi padre era jardinero. Ahora es jardín».

Mi padre era músico. Ahora es música.

Tercero sin ascensor

Estoy rodeado de cosas que no puedo atravesar.

Los días siguientes el cuerpo me pide ligereza. No tengo ganas de abrir el ordenador. Necesito no pensar. Estoy cansada de las nadas, los vacíos y los lobos esteparios. De meterle mano al corazón. Me he quedado seca. Quiero leer algo leve y luminoso, ir al pueblo a comer langosta, beber cerveza hasta que me entre sueño y dormitar después en algún café con wifi buscando en el móvil papeles de pared, todos los papeles pintados del mundo: de rayas, de flores, de mujeres sentadas en columpios versallescos.

No escribo una sola línea y no me da remordimiento no hacerlo. Por fin ha dejado de llover y paso las mañanas al sol oyendo salsa con los cascos, y concentrada en la planta de mis pies. «Estás demasiado tiempo en la cabeza —me dijo un día una amiga mía inteligente y mística—. Tienes que bajar al cuerpo. Notarlo. Andar descalza».

Al cabo de un día y medio, mi yo creativo está tan lejos de mí como una de esas compañeras del colegio de las que cuesta recordar el nombre. Sentada una noche en el comedor, mientras me llevo a la boca el último bocado del postre, decido no escribir más. Ni siquiera pensar. Solo asuntos prácticos: el campamento de verano de los niños, el seguro médico que me conviene, cortinas o estores… Logística elemental. Y, si es posible, ni eso. Como decía mi tío Quique, seductor fulminante y el resto del tiempo fulminante a secas: «Nunca hagas nada que otro pueda hacer por ti». Mi fantasía recorre feliz ese escenario. Delegar en alguien amable las fastidiosas tareas del día a día y vivir flotando como un perfume. En un ocio febril de escaparates, fiestas inolvidables y gente nueva con sus anaranjadas risas nuevas. Las manos lánguidas, la manicura siempre perfecta. Flotar y flotar con los vapores de las amapolas. Carnavales, años nuevos. Flotar de noche por Roma: el Palazzo Barberini, los jardines de Villa Médici; recorrer despacio, a la luz de unos violines, la galería de Borromini y, cuando acabe la noche, descansada porque floto, pegar el ojo a la cerradura maltesa y disolverme en los humos rosados de San Pedro al amanecer. Atender solo a la belleza, a los sentidos, al olor especiado de la mundanidad. Bañarme en el mar caliente de septiembre. Oler el cuello de mis hijos. Que me acaricien la espalda. Reírme como si estuviera loca. Llenar el cuenco de los días con la lluvia fina de la fantasía. No hacerme preguntas. Girar rápido la cara ante el dolor y la tragedia. Y en el último momento, cuando al final de la vida me asalte la duda inevitable de las obras acabadas —«¿Será significativo?», «¿Alguien lo recordará?»—, girar otra vez la cabeza y pensar: «Qué más da, los significativos se van a morir igual».

La tarde del cuarto día me apunto a la primera excursión desde que llegué. Una visita al islote de la Canela. Van a enseñarnos todo el proceso de extracción, preparación y secado. «Canela» es una palabra que me atrae. Salvo como nombre de perra, me gusta encontrármela. Es dulce y lejana. Pero da lo mismo: aunque la palabra hubiese sido «vagoneta» y la excursión, sacar carbón de una mina, habría ido también. Necesito casi con desesperación mezclarme estrechamente con la vida.

Cuando llego por la tarde a la recepción, me encuentro a la guapa esperando. Lleva unos shorts mínimos y unas gafas tan grandes que ya toda es sonrisa. Se las quita un momento para untarse la cara con protector solar, y ni siquiera cuando se extiende la crema alrededor de la boca se le mueve de sitio la terrorífica mueca. Unos metros más allá, blancos y desorientados, esperan también dos huéspedes nuevos: una alemana bajita de alrededor de sesenta años con una erupción cutánea y obstinada en la vitalidad (piernas robustas, mochila de excursionista y una guía de Sri Lanka llena de páginas marcadas) lleva en la muñeca izquierda una pulsera con los colores del arcoíris. El otro es un señor algo más joven, pesadote, con el pelo como un cepillo de uñas y el labio de abajo descolgado en un gesto bobalicón.

Me siento en uno de los troncos del jardín y saco el teléfono del bolso. La recepción es el único sitio del hotel en el que hay cobertura. Tengo varios mensajes. Uno muy bonito de mi madre. Ninguno de él. Noto por primera vez en esos días que ya he empezado a irme de allí.

En ese momento, en absoluta sintonía con mi propósito de no pensar, la furgoneta blanca aparca delante del *hall*. Dejo pasar a todos los que han llegado antes que yo y, cuando estoy a punto de subir el primero de los tres escalones, veo acercarse a la mujer Hopper por el jardín de los troncos. Lleva gafas y su paso es precario. Al alcanzarnos me sonríe huidiza.

Cogemos la misma carretera por la que vine del aeropuerto aquella lejanísima mañana del sopor. El conductor avanza despacio, al compás de las motos, los tuctuc y las vacas. A mi lado del camino se alinean bonitas casas de dos plantas con terrazas apoyadas en columnas. Entre ellas crecen palmeras amarillentas y frondosos árboles de sombra. De vez en cuando, un letrero de *guest house*. Más allá otro en cingalés con esas letras rizadas que parecen caracolas.

Por la otra ventanilla, en la que recuesta la cabeza la mujer Hopper, solo hay selva. Observo que abre y cierra el puño izquierdo todo el tiempo, como si necesitara comprobar que sigue dentro de su cuerpo. Tiene todos los pelos del brazo de punta. Yo también. El aire acondicionado es de morgue.

Dos asientos detrás de nosotras la guapa habla sola, al aire, describiendo el paisaje como si fuera la guía de una excursión de ciegos: «Juraría que aquello es una higuera. Qué preciosidad. Cómo se le mezclan los troncos. No se parece nada a las nuestras. ¿Será una higuera?». Y unos metros más allá: «Un refugio de serpientes. ¡Qué horror! Qué animales siniestros. Fríos, sin contornos. Como me encuentre una me muero. Todas las noches deshago entera la cama antes de meterme».

¿Y no será mejor que veranees en Torremolinos?, pienso.

Casi una hora después llegamos a un embarcadero encajado entre los interminables y ondulantes jardines de un colegio. Las colegialas, con vestidos blancos de tablas, corren detrás del furgón hasta que aparcamos a la sombra de un exuberante árbol milenario. Se quedan a unos metros de distancia, sonriendo, tapándose la boca y cuchicheando entre ellas sobre nuestro enigmático aspecto europeo.

Las barcas, la mayoría de ellas amarradas, tienen bancos de madera a ambos lados y un toldo naranja. Nos han explicado antes de salir que el islote, en medio de una laguna, tiene una gran concentración de árboles de canela. El barquero, un hombre con pelusa en el bigote y toda la gordura del cuerpo concentrada en la barriga, nos va ayudando a subir.

Dentro huele a gasóleo.

—*Crocodiles?* —pregunta la guapa nada más sentarse.

El barquero hace un gesto impreciso y sonríe. No la ha entendido. Entonces ella, abriendo y cerrando los brazos como la boca del monstruo, insiste:

—*Crocodiles? Are there crocodiles?*

El tipo responde algo en cingalés y hace un gesto con la mano hacia la orilla, como si el verdadero peligro estuviera tierra adentro.

—¿Qué te va a decir? —interviene la alemana, sentada junto a ella—. Pues que no hay, claro.

El día es nublado y caliente. No sopla una gota de viento y los mosquitos campan a sus anchas en pequeñas nubes que se mueven intuitivamente a la misma velocidad que la barca. El agua, de un verde lechoso, se arruga a nuestro paso y deja en los márgenes una espuma que parece saliva. La laguna debe de ser el refugio de fin de semana de los ricos de la zona, porque, repartidas por la orilla, a mucha distancia unas de otras, hay unas formidables casas de arquitectura moderna, cada una con su propio embarcadero. Entre una y otra, selva baja, manglar y altos postes de madera coronados sin excepción con unos escultóricos pájaros negros.

La mujer Hopper se ha sentado delante de mí. Está levemente encorvada y se abanica despacio. A veces se inclina tanto hacia delante que creo que va a vomitar. La guapa sigue hablando sin parar. Por fortuna, su agudísimo tono se agrava un poco con el ruido del motor. «No sé qué ponerme para el baile —le dice a la perpleja alemana—. Como todavía no nos han dicho dónde se va a celebrar… Si lo hacen fuera, en el jardín, me pondría el vestido rojo. El rojo queda muy bien con la naturaleza, ¿no crees? Pero, si es en el comedor, a lo mejor me pongo el azul, que es más de despedida». Y agrandando la sonrisa por si estuviera resultando pesada: «¿Tú qué vas a ponerte?».

Dejo de prestar atención y concentro todos mis esfuerzos en no ceder al impulso que tengo desde hace un rato de meter el dedo en el agua y comprobar si aparece o no un cocodrilo y me lo arranca.

Al cabo de veinte minutos llegamos a una orilla de tierra fangosa. El señor Bobalicón sale el primero, dando un salto que pretende ser ágil y lo hace ponerse muy rojo. El barquero ayuda a bajar a la alemana y a la guapa y, detrás de mí, sale la mujer Hopper. Aunque mi memoria lo haya guardado a cámara lenta, lo cierto es que todo pasó muy rápido: la pobre mujer apoya el pie, resbala con algo, pierde el equilibrio y, con su casi metro ochenta, cae de bruces contra el suelo. Durante unos segundos no se mueve. Permanece bocabajo inmóvil como ese contorno de tiza que marca la posición de un cadáver.

Nos quedamos paralizados. El bobalicón con el labio aún más descolgado, la alemana murmurando algo y yo con las dos manos tapándome la cara.

Solo la guapa reacciona. Se acerca a ella y, con mucho cuidado, la ayuda a incorporarse un poco:

—*Are you okay?* —le pregunta con dulzura.

Al caer, las gafas han salido despedidas y todos vemos que está llorando. Unos lagrimones espesos y humillados que abren un hueco en la arena.

—No lo sé —contesta muy bajo.

Cuando la guapa consigue que se gire y se incorpore un poco más, queda al descubierto bajo sus piernas un gran charco de sangre.

—*Fuck* —mascula la alemana.

La guapa se convierte en otra persona. Deja de ser la ridícula señora que da palmadas al hablar de sus vestidos y que le sonríe sin motivo a la nada. Su cuerpo se vuelve exacto, útil.

Pide agua. La alemana saca una botella de la mochila y ella desenrosca rápido el tapón. Vierte un gran chorro sobre la herida, un agujero grande en el peroné, a medio camino entre la rodilla y el tobillo, que sangra a borbotones.

—Debía de haber un clavo mal puesto —dice para sí misma.

Se quita el fular del cuello y con gestos elocuentes le pide al barquero un botiquín. El muchacho corre hacia la popa, abre dos puertecitas atadas con una cuerda verde y saca de dentro una caja de plástico que debe de llevar ahí desde la última colonización. Dentro hay antiséptico.

La guapa empapa la tela de su fular, limpia la herida y aprieta la carne un rato. Con la mano libre busca las gafas de Hopper, que sigue llorando sin ruido y mordiéndose el labio de abajo.

—Tranquila —le dice con una voz que calma—. Es muy aparatoso, pero no es más que un corte. Vas a estar bien enseguida.

Cuando se asegura de que la herida está limpia, le hace un torniquete con el fular. Después se enjuaga la sangre y ayuda a Hopper a ponerse de pie, le pasa con cuidado el brazo por la cintura y la lleva de vuelta a la barca. La otra se deja hacer: «Gracias», murmura cojeando. El barquero y el bobalicón, que por fin ha salido de su catalepsia, la agarran desde atrás para ayudarla a subir.

Volvemos al hotel sin que se discuta siquiera el tema.

La guapa se sienta en el banco junto a ella. Le aprieta la pierna con la mano y le habla con delicadeza. Esta vez el motor se traga por completo su voz. Por primera vez en estos quince días ha dejado de sonreír. Por primera vez en estos quince días parece estar en paz.

He oído mil veces eso de que la inspiración llega trabajando. No siempre. A veces llega de madrugada después de mil vueltas en la cama. Estalla como un relámpago en el cielo turbio de las inquietudes, lo pendiente y lo vulgar. Otras veces uno abre los ojos por la mañana y la escucha burbujeando dentro: un caldo de huesos a punto de entrar en ebullición. En ocasiones brota de una larguísima y serpenteante frase de Proust. De pronto, a través de las frondosas e impenetrables palabras, irrumpe, como por las hojas del roble, un glorioso rayo de luz. Y a veces el chispazo lo prende la misma vida. Por eso, como decía Hemingway, hay que mezclarse estrechamente con ella. Porque de cuando en cuando se te pone delante algo —una escena, una mirada o una conversación— y cae sobre ti la certeza de que, o te viertes en las manos, o corres el riesgo de convertirte en una boba sonrisa a la nada. Por primera vez en mucho tiempo vuelves a tener ganas de escribir.

La segunda cosa significativa que pasa estos días tiene que ver con la griega. Una noche, cenando en el comedor, busco su mesa con la mirada y me doy cuenta de que está vacía. Entonces recuerdo que tampoco la he visto esa mañana en la piscina ni en la sala de espera de los masajes. «Quizá esté haciéndose uno de esos tratamientos de turbante blanco, los de aislamiento —me digo— y no haya querido salir de la habitación».

A la mañana siguiente su mesa sigue vacía en el desayuno.

En ocasiones un solo elemento cambia un paisaje. Ocurre, por ejemplo, con la nieve cuando cuaja. Llega y todo respira distinto. «La griega es como la nieve —pienso al pasar la vista por ese comedor de solitarios ensimismados—. Se retira y el invierno vuelve a ser triste y desvaído».

Cuando llego a los tratamientos, me acerco a su masajista y le pregunto por ella. La chica baja un poco la mirada y confirma lo que a esas alturas ya resulta obvio: «Se ha marchado. Se fue ayer».

La noticia me deja confundida y triste. Pasa muchas veces que la presencia de alguien casi no se nota hasta que se convierte en ausencia. La griega era la que hacía vibrar este sitio. La que aglutinaba nuestras soledades en una cadencia común. Todos, más cerca o más lejos, orbitábamos en torno a su luz.

Tumbada en la camilla de los masajes, me acuerdo de ella. De la primera vez que la vi en el aeropuerto de Estambul, con aquella túnica verde hasta el suelo y agarrada a su bastón blanco. Qué personalidad incluso de espaldas. Me acuerdo de ella aplaudiendo entusiasta al pianista. Dándole su sitio. Como a todos: a la masajista, a los camareros y a Klaus, al que de pronto se le acercaba para hacerle una confidencia al oído. Recuerdo su manera de recorrer la cena con la vista. La barbilla apoyada en las manos y esa expresión de sus ojos grises entre irónica y compasiva. La veo bajar a la piscina con el bastón tanteando delante. Sentarse con esfuerzo en la hamaca y levantarse, con el mismo esfuerzo, a observar un escarabajo o una lagartija. Oigo su risa fresca, de cuello hacia atrás, y aquello que me dijo en la única conversación más o menos larga que tuvimos. Estábamos las dos sentadas en el tresillo del *hall* que hay en el edificio común. Llovía. Ella se sentaba muchas veces allí a ver llover: «Lo mejor de hacerte mayor es que la lluvia ya no te moja —dijo de pronto—; ya solo la ves caer. Y cae de una forma tan bonita que casi puedo volver a ser quien fui».

Me da rabia no haberla tratado más. Me da rabia mi absurda obsesión de esos días por el aislamiento, por el silencio, por que la palabra no matase lo que había venido a hacer.

Esa noche, cuando volvía a mi cuarto después de cenar, escuché a alguien correr detrás de mí. Era Klaus, que se me acercó jadeando con su hermano pequeño un poco detrás: «Toma —me dijo alargando un sobre blanco muy abultado—. Es para ti». Y se fue.

Lo abrí confusa. No era ninguna de las cosas que, fugaces, se me habían pasado por la imaginación. No era una factura a traición del hotel. Ni un poema de amor del mono. Tampoco un cuento creado por él porque me había visto escribiendo y quería saber mi opinión.

Era una larguísima carta de la griega despidiéndose de mí:

My dear Spanish friend,

Antes de nada, quiero pedirte disculpas por haber desaparecido así. Hace años que no me despido. Las despedidas me llenan de pena y, a mi edad, ahorro las penas para cuando no queda más remedio. Disculpa también esta intromisión. Me da apuro forzarte a leer algo que quizá te agobie, te entristezca o te ponga nerviosa. Sé lo frágil que es el espíritu y cuánto hay que cuidar lo que le mete uno dentro. Hace mucho que no dejo que nadie me llame después de las ocho para contarme algo desagradable. Es Despini, la chica que trabaja en casa, quien coge los mensajes a partir de esa hora, y ya sabe que, si es malo, no quiero enterarme hasta la mañana siguiente. Con el portero, lo mismo. Cada vez que me lo encuentro y se empeña en darme el parte de las desgracias del edificio, le ofrezco una propina para que se las guarde. «Hay que protegerse», decía siempre mi madre.

Lo que quiero decir es que, si en cualquier momento estas páginas te incomodan, no sigas leyendo. O lee en otro momento. O rasga estas cuartillas y tíralas a la basura.

Empecé esta carta después de la otra noche, la madrugada de la lluvia atroz. Yo también dormí mal. Había luna llena (no se veía porque la tapaban las nubes, pero ahí estaba). Le sigo de cerca los pasos porque siempre me hace pasar malas noches, peores incluso que la humedad. Supongo que, igual que agita las mareas, remueve el agua que llevamos dentro. Qué sé yo. El caso es que te vi. Estaba leyendo al lado de la ventana y de pronto cruzaste como una flecha por el jardín. Sé que es desagradabilísimo tener testigos de esa clase de cosas, pero me quedé preocupada. Estuve un buen rato esperando a que volvieras. Incluso pensé en ir a buscarte, pero, con estas rodillas mías, estarías muerta y enterrada para cuando llegase yo. Al final acabé quedándome dormida. Es tremendo el sueño que me entra al amanecer después de una mala noche. El caso es que, mientras te esperaba, me puse a cavilar. Esta chica escribiendo de la soledad, con ese aire siempre ensimismado, corriendo desatada en esta noche de mil demonios. Le di muchas vueltas a todo esto y, sin darme cuenta, volví a tu edad.

He tenido muchas soledades difíciles en la vida. Sin duda, la más terrible, cuando murió Dimitris, mi marido. El mismo día, al mismo tiempo, me quedé coja. No voy a detenerme mucho en esto; no hay ninguna necesidad. Acortando mucho la historia: tuvimos un accidente fatal. Habíamos ido a Beirut a celebrar su cumpleaños. Dimitris exportaba pasas de Corinto y había empezado a trabajar con libaneses, que pagaban antes y mejor. Un día fuimos a cenar a casa de un socio suyo en un ático precioso frente al mar. Salimos tarde de su casa, a las dos menos diez. Nos montamos en el ascensor; él muy elegante, con un abrigo negro de lana que fue mi regalo de cumpleaños, y yo, bastante achispada, para qué vamos a engañarnos. Dos segundos después de que se cerraran las puertas, el ascensor se desplomó. Dimitris murió en el acto y a mí se me destrozaron las dos mesetas tibiales. Me han operado muchas veces, pero ya has visto el resultado.

Aquella soledad fue terrible. No hay nada más solitario que el dolor. El del cuerpo o el del alma, da igual. No te quiero contar cuando coinciden los dos. Tan terrible fue que me he olvidado de ella.

Sin embargo, cuando vuelvo la vista atrás, sí recuerdo lo sola que me sentí a tu edad. Konstantina, nuestra única hija, se había ido a estudiar al extranjero y nos habíamos quedado los dos solos en aquella casa tan grande. Con el fantasma de ella, que cambiaba de edad en cada sitio de la casa. Iba por el pasillo y la veía en el triciclo rosa que tenía de bebé. Cuando comía sola en la cocina, me acordaba de ella con las dos trenzas preparando esos bizcochos deformes que hacía. El baño fue su adolescencia. Y en el umbral de la puerta de entrada solo veía el día en que se marchó. Pero, siendo sensatos, aquella no era razón suficiente para el tremendo vacío que sentí. Estaba casada con un hombre bueno, mis padres aún vivían, tenía amigas, había vuelto a mis clases de ballet. Pero, con todo y con eso, me sentía solísima. Y, sobre todo, terriblemente mayor. Cuando ahora veo fotos de entonces, pienso: ¡qué tonta eras!

Por las mañanas me miraba mucho rato en el espejo y pensaba: «¿Dónde está?, ¿dónde está la vejez?». La notaba como se nota la fiebre, pero no conseguía localizarla. Me miraba atentamente la cara, las arrugas, las mejillas algo más hundidas, pero no lograba identificar qué me hacía sentirme tan vieja. Algo había, porque, cuando tiraba de las sienes hacia los lados y se me ponía la cara lisa como un azulejo, seguía viéndome vieja.

Un día estaba Dimitris a mi lado, afeitándose, y le pregunté:

—Dimitris, ¿tú dónde crees que está la vejez?

Él, sin apartar la mirada del espejo, me respondió:

—En la expresión.

Dicen que los hombres acaban siendo como su profesión: los relojeros se vuelven minuciosos; los políticos, ambiguos, y los forenses, fríos. Con los años, Dimitris se había convertido en una pasa de Corinto, mínimo, casi sin pulpa, también muy dulce.

Esa Navidad quiso dar una gran fiesta de fin de año en nuestra casa de Glyfada, creo que para animarme. Como yo seguía dándole vueltas a lo de la expresión, estuve toda la fiesta muy atenta al asunto. Los invitados llegaron lustrosos y perfumados; ellas con aceite dorado en el escote —que estaba de moda entonces—, el pelo perfecto y la boca jugosa. «No parecen viejos», pensaba algo aliviada. Si ellos no eran viejos, yo tampoco debía de serlo. Hablaban, bailaban, brindaban. Lo de siempre. Iba de acá para allá, un poco aburrida de las conversaciones. La vejez también es eso: «¿No se cansarán de escucharse? —me preguntaba—. Las mismas bromas, las mismas anécdotas, la misma irritación política veinte años después». Cuando te hagas mayor te darás cuenta de lo insoportable que acaba resultando la vehemencia. Yo seguía a lo mío, buscando en ellos la decrepitud que veía en mí. Nunca creerás lo que sucedió: a medida que fueron pasando las horas, nuestros amigos fueron deformándose. Los escotes empezaron a arrugarse, los dientes se les volvieron negros y los ojos se les llenaron de sangre. Se les cuartearon las mejillas y se desplomó la carne que les rodeaba la boca. El retrato de Dorian Gray. De pronto, todos se habían convertido en el cuadro del desván. Cansancio, desencanto, podredumbre; todo lo feo emergió.

Creo que era eso a lo que Dimitris se refería con la expresión.

Lo asombroso es que, al día siguiente, me encontré con algunos paseando al perro y volvían a ser los de antes. Casi jóvenes. Casi intactos. Cuando lo pienso ahora me doy cuenta de que la vejez, antes de rebanarte el cuello, asoma la patita. Y empieza a asomarla de noche. Seguro que lo has notado ya. Llegan las ocho de la tarde y te duelen hasta las encías. Duermes mal, empiezas a necesitar pastillas. Cuando yo tenía tu edad no existían todas esas cosas que hay ahora para dormir, así que tomaba leche, dos o tres vasos de leche caliente, antes de irme a la cama. Pero nada, me pasaba las horas mirando al techo y maldiciendo a Dimitris por haberse dormido tan rápido. A él la vejez no le afectó por ahí. Sin embargo, empezó a oler un poco a cuero viejo cuando llegaba a casa después del trabajo. Y a hacer ruidos raros mientras dormía. Siempre había roncado, pero cuando era más joven el ronquido era suave y rítmico, hasta me adormecía. Entonces hacía temblar los cristales de las ventanas, y lo peor era que en medio se quedaba como asfixiado, dejaba de respirar unos segundos y después le seguía una sucesión de horribles graznidos.

Sí, la vejez llega primero en las noches. Y con ella, la tristeza. Se acumula durante las horas oscuras, como la lluvia en los tazones de riego que tenían mis suegros en el campo, y se derrama con las primeras luces del día, en ese intervalo corto y confuso entre que la mente se despierta y uno abre al fin los ojos. Ahí es cuando piensa: ojalá pudiera acelerar las manecillas del reloj, concentrar en diez segundos todas las horas del día y volver a acostarme ya. Luego la casa empieza a oler a café, descorre las cortinas y la vejez y la tristeza se meten bajo la cama hasta la siguiente madrugada.

Sin embargo, lo más horrible de todo no fue eso. Aunque supongo que tenía relación. Me obsesioné con la muerte. Hasta que Tina se fue era un tema que no me había preocupado lo más mínimo. Vengo de una familia de centenarios que, cuando al final morían, estaban deseando hacerlo. En mi casa la muerte era cosa de otros. Como para Iván Ilich, para quien la muerte era cosa de Cayo. Me sé ese pasaje de memoria: «Cayo es verdaderamente mortal, y normalísimo es que muera; pero yo, Vania, Iván Ilich, con todos mis sentimientos y pensamientos, yo… ¡Distinto es el asunto! ¡No es posible que yo deba morir! Esto sería excesivamente terrible».

Una mañana de otoño me detuve frente a la gran biblioteca del salón. Una inmensa librería hecha a medida, atiborrada de libros que Dimitris no leyó jamás. Sin embargo, le apasionaba comprarlos, atesorarlos, sentir que lo miraban al trabajar. Era un hombre listísimo que con diecisiete años ya ganaba más dinero que su padre, pero venía de una familia humilde y nunca pudo estudiar.

Cuando nos hicimos novios, mi padre dirigía el Departamento de Filología de la Universidad de Patras, así que sabía muchísimo de literatura. Como regalo de boda Dimitris le pidió que buscase una edición bonita de la obra que, en su opinión, debía inaugurar una biblioteca, ser su piedra fundacional. Mi padre le regaló la *Ilíada* y la *Odisea* de Homero. Desde entonces la gran pasión de Dimitris fue esa librería. La llenó con las obras más importantes de la literatura, la filosofía y la poesía.

Como te decía, nunca leyó ninguno de esos libros, pero siempre recibía allí a sus socios. Creo que eso dice mucho de él. No solo nos define lo que queremos ser, sino también lo que queremos parecer.

El caso es que esa mañana me paré allí delante, frente a aquella constelación de genios que tanto temieron a la muerte, que tantas horas pasaron dándose golpes contra su pecho intentando derribarla. Y pensé: «Están todos muertos. Se los ha llevado a todos». No te imaginas cuánto lloré. Luego estaba ese sueño demoniaco las noches que al fin podía dormir. Soñaba que iba por una cinta eléctrica como la de los aeropuertos y, cuando estaba a punto de llegar al final, me daba cuenta con horror de que la cinta caía como una cascada hacia el abismo. Intentaba correr, dar la vuelta, pero tenía pegados los pies al suelo y no había manera de moverlos. Muchas veces desperté a Dimitris con mis gritos. Pobre Dimitris, qué paciente era.

La otra noche, cuando te vi a la carrera bajo la lluvia, pensé que a lo mejor había sido eso, un mal sueño. No sabes las ganas que me dieron de abrazarte. De decirte que te entiendo, que son terribles las soledades de esos años. El tedio, la melancolía… la añoranza, al despertar, de aquellas mañanas en las que la vida estaba llena de posibilidades. Lo peor es que, además, son sensaciones que no se pueden compartir. ¿Qué vas a decir?: estoy rodeada de gente, pero me siento sola o no me ha pasado nada malo, todo funciona, pero cuando abro los ojos solo quiero que se acabe el día. No queda más remedio que echarse la pena a la espalda y seguir caminando.

La buena noticia es que se acaba. Ahora que de verdad estoy sola, no me siento sola. O no tan sola como me sentía entonces. No lo digo para presumir de viejecita alegre, sino porque cuando yo pasé aquella crisis me angustiaba pensar que la vida sería ya siempre así, que solo iría a peor. Y no es verdad. Supongo que es algo muy particular, pero en mi caso la letra que mejor dibuja el recorrido de la vida no es una ele, sino una u. Empecé alto, bajé y luego he vuelto a subir. Tras esa época de tristeza silenciosa y la terrible muerte de Dimitris, casi a continuación, la curva empezó lentamente a subir. Cuatro años después de quedarme viuda —la pobre Tina volvió a vivir en casa todo ese tiempo—, hice un curso de encuadernación de libros antiguos. Cuando lo terminé, me puse a trabajar en un taller de restauración que colaboraba mucho con el Museo de Historia Natural. Entre las páginas de aquellos tomos viejísimos aparecían todo el tiempo rastros de insectos: larvas, escarabajos, pececillos de plata o alas de mosca. Empezaron a llamarme la atención. Y como, además, muchos de los volúmenes que restauraba eran de antiguos naturalistas, fui aprendiendo casi sin querer. No te imaginas la vida que me ha dado. Acabé vendiendo la casa donde habíamos vivido siempre y me mudé a un bajo con jardín en Kolonaki, un barrio muy agradable en el que siempre huele a café. Paso las mañanas enteras en ese raquítico jardín lleno de vidas pequeñas. Entretenidísima. Cambio los geranios de sitio para que les dé más el sol y riego las camelias, que nunca tienen suficiente. Cuando he acabado con las plantas, me entretengo con mis insectos: observo cómo se desorienta la hormiga cuando se aparta del grupo; cómo la mosca va a la ventana a morir, buscando la luz, y cómo la avispa, en cambio, se rinde casi sin luchar. Y observo a la libélula que tan grácil parece en el aire, y que es torpísima en la tierra. Lo que más me divierte ahora es ver a las mariquitas hacerse las muertas.

Vivir a pie de calle ha sido mi salvación. Salgo a menudo a pasear por el barrio. El día que me duelen especialmente las rodillas me acompaña Despini, pero, si me encuentro bien, voy sola. El hombre de la pescadería me conoce y me cuenta cosas graciosas de las vecinas. La chica de la farmacia me da las medicinas sin receta. «Buenos días, doña Eleni», me saludan aquí y allá. Pero ¿sabes lo que más me gusta de salir a la calle? Que existe la casualidad. Y la casualidad es lo más maravilloso de la vida. Encontrarte por casualidad con alguien a quien hace años que no ves. Escuchar por casualidad una conversación interesante. Cruzar por casualidad la mirada con la del librero de otra época.

Sientes que el mundo te roza.

Mi prima Daphne, que es un año menor que yo, vive en un tercero sin ascensor cerca de mi casa. Está muy gorda y le duelen las piernas, así que no baja nunca, salvo en casos de extrema necesidad. Como a mí me es imposible subir, apenas nos vemos, pero, cuando hablamos por teléfono, se queja durante horas de lo sola que está. No sabes la de veces que he pensado que no estaría tan sola si su casa tuviera ascensor. Y manda narices que lo diga yo, que no he vuelto a subirme en uno. Cuando leo en la prensa todas esas noticias que hay ahora sobre la soledad de la gente mayor, pienso: «Sí, muy bien los servicios de asistencia y los teléfonos de socorro, pero ¿por qué no habla nadie de la arquitectura?». Mi prima Daphne está sola porque está aislada, separada del mundo por una escalera que no puede subir ni bajar. Es una prisionera. Imagino que al principio no se dio cuenta. En casa siempre se está muy bien. Cuando empiezan a dolerte las piernas, cada vez bajas menos. «Mejor mañana», piensas. Pero mañana llueve o estás resfriada o no hay nada urgente que hacer porque el chico de la moto, que tiene las piernas de un toro, te sube toda la compra. Cuando te quieres dar cuenta, el mundo se ha reducido a dos habitaciones y un pasillo. Y la única vida que existe es ya la de tu cabeza.

Estoy segura de que, si Daphne viviera en un bajo, como yo, no se habría convertido en una mujer tan difícil. Antes era simpática. Nunca fue generosa, pero al menos era alegre. Pero lleva tanto tiempo mirándose el ombligo… Pobre, no quiero hablar mal de Daphne, porque bastante tiene con lo que tiene, pero, como mucha de la gente que se queja de estar sola, debería preguntarse por qué. A veces tengo ganas de decírselo: «Piensa, Daphne, piensa: ¿cuánto te preocupas tú por los demás?, ¿los escuchas alguna vez de verdad? No con desinterés, mirándote los pellejos de las uñas mientras te cuentan algo que para ellos es importante. ¿Llamas alguna vez sin intención de hablar de ti? ¿Te paras, aunque sea un segundo, a ponerte en su piel? ¿Les facilitas de algún modo la vida, tienes detalles, les echas algún piropo, te sienten cerca cuando te necesitan o te alegras alguna vez con su alegría?». Me consta que Daphne no hace nada de eso. Se ha convertido en una de esas personas de querer pobre, que sienten que el mundo está en deuda con ellas no se sabe muy bien por qué.

Sus hijos, por ejemplo, ¿cómo van a tener ganas de ir a verla si cuando llegan con los nietos se vuelve loca con que no toquen el sofá con las manos sucias? Y a los pobres hijos, dos chicos sosos y trabajadores, nada más que les hace reproches y críticas. Qué verdad es eso que decía Proust de que la gente desgraciada se vuelve terriblemente moral.

«Daphne, hay que echarse a un lado —le digo a veces—. Convertirse en testigo. Aconsejarles y escucharlos, pero ir aprendiendo a desaparecer». Da igual, no hace caso. Le entra por un oído y le sale por el otro. En resumen, que cada vez está más sola y más agarrada a viejos rencores que, al menos, le hacen sentir algo con intensidad.

Le he dicho muchas veces que se cambie de casa, que se mude aquí conmigo, pero no quiere: «¿A dónde voy a ir yo ya?», responde con voz lastimosa. Lo que más miedo me da últimamente es que acabe volviéndose loca. Uno de los últimos días que hablé con ella antes de venir, me quedé francamente preocupada. De pronto interrumpió la conversación y, con el mismo tono que usan los padres con los bebés, empezó a decir: «Hooola, precioso, ¿ya estás aquí? ¡Qué guapo eres! ¡Qué majestuoso!». Atónita, le pregunté: «Daphne, ¿con quién hablas?». A lo que contestó: «¡Oh! Es un búho real que vive en un árbol junto a mi ventana». Y entonces, como en una película de terror, se puso a hacer un espeluznante ruido gutural que imitaba el canto de los búhos: ¡uuuh-uuuh! Nunca supo cuándo colgué.

Antes de marcharme le pedí a mi amiga María que fuera a visitarla y estuviera pendiente de ella. Me llamó hace unos días para contarme que la había encontrado peor que nunca: «Se tapó enfurruñada los oídos cuando fui al baño porque, según ella, me crujían muy fuerte los huesos al andar», me dijo con su risa contagiosa. Es muy divertida, María. No solo es ingeniosa; tiene un humor con imaginación. ¡Qué importante es tener una amiga que te haga reír! Giota, mi otra gran amiga, no es tan graciosa, pero, en cambio, es más dispuesta. Cuando eres orgulloso, y uno no deja de serlo con la vejez, cuesta pedirle a alguien que te acompañe a hacerte la colonoscopia porque te van a sedar y te da miedo caerte después. A Giota no tengo ni que pedírselo. No sé cómo se entera, pero se entera. Aparece en mi casa con uno de esos bolsos enanos que lleva siempre, justo a la hora que tiene que estar. Son mis dos amigas del alma. Las conozco desde siempre y me he empeñado mucho en conservarlas. «Hay que esforzarse por cuidar a los amigos —me decía siempre mi padre—. Es la única institución que no está protegida». Y hay que esforzarse, es verdad. Las relaciones largas, sean del tipo que sean, están llenas de baches. De momentos en los que te aburres o que te irrita irte de viaje con ella porque quita la calefacción en mitad de la noche porque no puede dormir con calor. Hay que alzarse, pasar sobre eso y, cuando llega un mal momento o una pelea, dejar una puerta abierta para que puedan volver. No sabes lo que me alegro ahora de tener a mis amigas. Más que nunca. Tienen el detalle de no decirme jamás que ya se saben esa historia. Vuelven a escucharla como si fuera la primera vez. Sobre todo, hay cosas que solo entienden los que tienen tu misma edad. Los que saben que, aunque fingimos que ya nos da igual, como la zorra y las uvas, en el fondo nos seguimos muriendo por las mismas cosas de siempre: por una charla apasionada, por beber champán hasta que todo parezca posible, por que alguien te diga que estás muy guapa. El resto de la gente, los más jóvenes, te tratan un poco como si, por ser viejo, fueras un ser incompleto.

Los niños no. Ellos no distinguen por edades. Mi nieto, el hijo de Tina, ve que yo estoy arrugada y él no, pero cree que por dentro somos iguales. Es muy gracioso. Pelirrojo, parece irlandés. Me recuerda mucho a Dimitris. Es dulce y preciso como él.

También con Klaus, el chico alemán que ha estado aquí estos días, he sentido esa afinidad. Nos caíamos bien y ya. Daban igual los sesenta años de distancia.

Pero con mi hija, no sé, es distinto. A veces tengo la impresión de que me considera un poco idiota. O alocada. No sé muy bien. No voy a hablar mal de ella, pobre Tina. Tiene su propio cansancio y su propia forma de querer. Y un marido. Los hijos, cuando se casan, ya no son ellos, son medio ellos, medio otros, como el Minotauro. En ocasiones, cuando se desploma tan callada y ojerosa en la butaca del salón, la miro y pienso: ¿dónde está mi niña?, ¿qué fue de ella? La que lloraba tapándose la cara con las manos cuando se me ocurría coger a otro niño en brazos. Ella no se acuerda de nada de eso. Tampoco le interesa. No es de mirar atrás. Ni siquiera le gusta que hablemos de su padre.

A veces me pregunto qué recordará de mí cuando me muera. ¿Sabes qué? Eso es lo que más me inquieta ahora de la muerte. Qué recordarán de mí. Bueno, también cómo será el momento (qué sentiré, qué notaré, ojalá que no me duela). Pero he dejado de tenerle miedo. A mi edad, la muerte es una llegada a puerto, no un naufragio. Además, cada vez que me miro en el espejo y veo a esa anciana decrépita que soy ahora, pienso: ¡ay, he muerto ya tantas veces!

No te voy a decir que ahora no tenga miedos. Estoy llena de ellos. Me da miedo gastar. El bordillo de las aceras. El agua fría. La velocidad. Me da miedo que haya mucho movimiento alrededor y que Despini decida marcharse un buen día. Pero son miedos pequeños. Los grandes han ido desapareciendo.

La vida es ir deshojando la margarita. Te vas quedando sin cosas. Sin belleza, sin tiempo, sin juventud. Pero te acostumbras. Es como cuando se te rompe la tele o el lavaplatos y piensas, ¿cómo voy a vivir sin tele o sin lavaplatos? Y a la semana siguiente ya ni te acuerdas.

Y eso es la soledad de la vejez. De mi vejez. Una soledad más sola y artrítica pero también más serena. Pienso a menudo que no sería tan apacible sin todas las soledades previas. Sin ese morirse un poco que son algunos cumpleaños. Sin las pesadillas de madrugada, el descenso a lo pequeño y el descubrimiento, cuando llegas al final, de que la pena no es más que la resaca de haber sido feliz.

En fin, querida amiga, voy a ir despidiéndome porque empieza a amanecer y me está entrando un sueño invencible. Tengo la sensación, además, de que me he emborrachado un poco con mi propia narración. Había olvidado lo que me gusta escribir cartas. ¡Están tan vivas! Cuando Dimitris empezó a viajar, le escribía unas cartas larguísimas. Pensaba: «Dentro de unos días sus manos van a tocar este papel que estoy tocando yo; podrá olerme si acerca un poco la nariz».

Ha sido un placer conocerte. Observarte. Espero que algún día, de una forma inesperada, volvamos a encontrarnos. Ya no escribirás de la soledad y nos sentaremos de nuevo juntas frente a las tardes de lluvia. Pero, por si acaso no nos vemos otra vez, te deseo una vida larga y feliz. Y recuerda, pase lo que pase, nunca un tercero sin ascensor.

El baile

El que tiene un porqué para vivir puede soportar casi cualquier cómo.

Friedrich Nietzsche

El baile será en el jardín. No son todavía las siete, pero he venido antes porque quería que esta fuera la última imagen. La noche cayendo sobre los peñones de la bahía, apagando el horizonte, robándole el azul al cielo hasta volverlo recuerdo. Sentada al borde de la hamaca, observo al chico de blanco, que ha empezado a encender las velas, los senderos, los parterres, las bases de las palmeras y las líneas bajas del jardín. Cuando termina, justo al filo de la noche, el firmamento no está arriba, sino abajo, al alcance de la mano.

A mí sí me gustan las despedidas. Cuanto más largas y obstinadas, mejor. Sobre todo largas. Así me canso de despedirme y, cuando al final me voy, ya tengo ganas de irme. A eso he dedicado mi último día aquí, a ir marchándome. A deshacer con cuidado el hilo de la muñeca antes de soltar el globo y mirar cómo se aleja, ondulante, hasta perderse entre las nubes como una minúscula lentejuela.

Me he despedido a primera hora de mi terraza. De la ladera verde y de las risas fortuitas contra el cielo. En esa butaca de madera, engañosamente incómoda, se me apareció por última vez el amor. Me he despedido luego del comedor y de sus mesas de cuatro solo para uno. De las cabezas gachas, del runrún de los cubiertos y de la apacible doctora que, hoy con gafas, ha fingido no verme cuando me servía el segundo pudin de coco. He grabado en mi memoria la vista desde allí; el puente que cruza; el altar budista; el jardín de los troncos con los huéspedes recién llegados sentados encima, buscando nerviosos señal. Al fondo, el mar. Siempre el mar.

He bajado luego a la biblioteca, tan oscura, tan solitaria, con esa enorme mesa en medio y las sillas de monasterio muy ordenadas alrededor. Kierkegaard abandonado en los estantes. La gran butaca en la que he escrito buena parte de estas memorias de soledad.

Me he despedido también de todas las chicas que trabajan en el hotel: las de las cataplasmas, las de la acupuntura y las que reparten los pareos verdes. De Kamuri, claro, que parecía un poco apurada ante tanta efusividad (he tenido que darme la vuelta para que no notase que se me llenaban los ojos de lágrimas). Es realmente embarazoso lo de llorar cada vez que me emociono, pero no lo puedo evitar. Hay algo tristísimo en el último segundo frente a una cara que no volverás a ver.

Antes de bajar a la piscina he entrado en la tienda. He comprado un chal de cachemira para mi madre, otro para mi hermana y uno fucsia para mí. También varias cajas de incienso —unas varas gordas, que son las que usan aquí y que me dan hambre y sueño al mismo tiempo—. Cuando he llegado, la guapa llevaba un rato allí probándose vestidos y más vestidos, saliendo del probador a mirarse en el espejo de fuera porque no es lo mismo sin testigos. Se ponía de puntillas, ladeaba la cabeza. Había vuelto a la sonrisa.

He pasado el resto de la mañana entre la piscina y la playa. Ha hecho un día magnífico, como siempre que te vas de los sitios lluviosos. He buceado un rato en el azul profundo de los azulejos, flotando, aguantando la respiración, como cuando escribo. Después, tumbada en la hamaca, me he acordado un rato de la griega. ¿Qué estaría haciendo en ese momento? Tomar café con sus insectos. O pasear por el barrio y charlar con sus vecinos con esa carcajada fresca, de cabeza hacia atrás, que al otro lo hace sentir imprescindible. Me hubiera gustado escribirle. Tener un teléfono o una dirección. Decirle que no volveré a dejar que la vida grande oscurezca la pequeña. Que me da menos miedo la vejez después de su carta. Que en esa galaxia en la que suceden las cosas que no sucederán nos veo sentadas juntas, en un tresillo de bambú, viendo la lluvia caer. Pero no puedo decirle nada de eso, porque la griega no ha dejado más rastro que la estela de luz que dejan a su paso las estrellas fugaces.

Tumbada bocabajo, adormecida por el sol en la piel mojada, he dejado vagar el pensamiento. Es delicioso pensar cuando no hay nada que decidir. Es delicioso recostar la cabeza en la ensoñación y dejarse vencer por su lánguida claridad. No echar de menos nada, tener las mareas del cuerpo en paz. «No creo que el hombre esté hecho para la cantidad, sino para la calidad —dice Pablo d'Ors en su *Biografía del silencio*—. Las experiencias, si vive uno para coleccionarlas, nos zarandean, nos ofrecen horizontes utópicos, nos emborrachan y confunden… ahora diría que incluso cualquier experiencia, aun la de apariencia más inocente, suele ser demasiado vertiginosa para el alma humana, que solo se alimenta si el ritmo de lo que se le brinda es pausado».

Sonaba de fondo una de esas músicas suaves que parecen no existir, pero que poco a poco ensanchan el espíritu, igual que ensancha el deshielo el cauce de los ríos. El pensamiento, claro y desintoxicado, correteaba a su antojo. Recordaba, fabulaba. Se preguntaba, en esa frontera confusa entre la vigilia y el sueño, si no seremos quizá la última generación que venga a sitios como este. Si dentro de veinte o treinta años no estaremos instalados ya del todo en la cápsula digital. Conectados todo el día a esas gafas asombrosas con las que puedes pasar media tarde en la antigua Grecia, la otra media en la Luna y después cenar en una buhardilla en el Sena. Todo sin moverte del sofá: sin mandos, vas eligiendo con la mirada. Ayurveda en el fin del mundo, por ejemplo, y entonces, ¡pum!, te rodea un hotel en Sri Lanka con las palmeras meciéndose al viento y una señorita muy amable que te trae un zumo de fruta en una copa de cristal. La pena es que no te lo puedes beber, pero bueno, ya lo solucionarán. De momento, puedes invitar al hotel a todos los amigos que lleven las mismas gafas que tú. Un plan sin fisuras: barato, ecológico, sin filas en los aeropuertos ni quince horas de avión, y perfecto para matar el tiempo cuando ya no tengamos que trabajar porque las máquinas trabajarán mejor y más barato. Horas y horas para saltar de una época a otra, de una adrenalina a otra, sin ensuciar el planeta y sin gastar. Además, ¿quién quiere realidad?, ¿quién quiere ver cómo cuelga la ropa la vecina de enfrente pudiendo estar con un vino de mentira en un ático de mentira en Manhattan? Lo analógico será solo para los poquísimos millonarios que puedan permitirse el lujo —y el riesgo— de lo real.

Ni siquiera estos pensamientos me han quitado la paz.

El mundo encontrará, como ha hecho siempre, nuevas formas de bienestar. Ya están en marcha, en Chicago, las pastillas contra la soledad. Los nostálgicos de lo anterior —del hablar por hablar, de aquellas noches buscando ovnis en el cielo o del rocc dc una mano que finge casualidad— acabaremos desapareciendo. Quienes vengan detrás no habrán conocido nada de eso, y lo que no se conoce no existe.

Ni siquiera pensar de qué se alimentará entonces el espíritu me quita del todo la paz.

Cuando me he despertado de la breve siesta alucinógena, he bajado a dar un paseo a la playa. La orilla estaba más dura e inclinada que otros días. He caminado mirando al suelo y, asombrada otra vez, he pensado en cómo se multiplica el mundo cuando uno se fija en él. Boquetes que se abren al retirarse las olas, círculos de espuma amarillenta, los restos de una sardina atrapados en las algas y, cada dos o tres metros, unas indescifrables bolsas de gelatina.

A mitad de camino me he cruzado con la inglesa, que se peleaba con un sombrero de paja del tamaño de una sombrilla. Aunque algo torcida, caminaba menos extraviada que de costumbre. Me ha contado que su marido se había ido varios días a un safari de elefantes: «Se va a perder el baile», ha dicho antes de despedirse con un tono que no sé interpretar.

Cuando he llegado a la roca negra que cierra la playa, he subido por la arena seca para cruzar por última vez el estrecho de los moribundos. Al otro lado la costa se abría ancha y clara, por fin sin bruma. El mar era un plato. Un pescador, solo uno, había clavado la estaca muy cerca de la orilla. Cuando en el camino de regreso he vuelto a pasar por delante, seguía exactamente igual: suspendido en el horizonte. Me he parado justo a su espalda. «¿Qué mirará tantas horas seguidas? —me he preguntado—. ¿O pensará más que mirar?».

Nunca consigo acordarme de quién me contó la historia del pastor. Quienquiera que fuese había ido de viaje al desierto en Marruecos. Cada mañana, al salir de la jaima, veía a un pastor de cabras sentado a lo lejos sobre una piedra. Cuando por la tarde volvía de las excursiones, el pastor seguía exactamente en la misma posición. El día que se iba a marchar, se acercó a él:

—Pregúntale si no se aburre —le pidió al guía—, si no se cansa de mirar siempre lo mismo.

El pastor se giró y, absolutamente desconcertado, contestó:

—¿Lo mismo? Pero si cambia cada segundo.

No recuerdo, como digo, quién me contó esta historia. Sin embargo, sí sé lo que me provocó: claustrofobia. «Debió de ser antes de separarme», he pensado con los pies enterrándose en la arena mojada. En la época azul, la de los desayunos ruidosos y el camino recto. Entonces el simple hecho de asomarme a la soledad me daba vértigo. Estar a solas conmigo misma me parecía una forma de encierro.

La soledad y el miedo, eterno binomio cuando se tira del hilo. Miedo antes de cruzar y miedo hasta que la vista se acostumbra al blanco cegador del otro lado.

Lo tengo reciente, porque me volvió a pasar antes de venir. Me abrumaban tantos días por delante sin anestesias de ningún tipo: sin Netflix, sin wasaps, sin quehaceres domésticos ni *scrolls* infinitos. Sin una mísera copa de vino. Me daba angustia, viniendo de una ruptura, no poder sostenerme en ninguna forma de velocidad.

Cuando Pipe estaba enseñando a Currito a nadar, le dijo, sentado en el bordillo: «¿Quieres que te dé un truco importante? Cada vez que sientas que te ahogas, nada más rápido».

El agua me enfriaba la carne mientras entraba en el mar. Avanzaba despacio, atenta a no pisar una piedra o un pez venenoso, acompañada de mi padre —que ya habría puesto los brazos como una flecha y se habría zambullido— y con la mirada clavada en la espalda del pescador. Es él quien me ha transmitido la seguridad que necesitaba para dar el siguiente paso.

¿Qué es lo que nos asusta tanto de estar solos? Cualquiera que se haya planteado esa pregunta sabe lo difícil que es responderla. Falta de calor, de apoyo, de consuelo, dirán unos. Pero no es del todo eso. La prueba es que la inglesa —y, como ella, millones de personas en todo el mundo— no encuentra nada de eso en quien tiene al lado y, sin embargo, le aterroriza quedarse sola. ¿Aburrirse, quizá? ¿La quietud? ¿El silencio? ¿Que el propio pensamiento, sin vías de escape, termine devorándola?

Tal vez solo es el miedo a lo oscuro. A entrar donde no se ve el fondo.

Tuve mucho miedo cuando me separé. Y me sorprendió, porque nunca he sido miedosa. Desde muy niña intuí que el miedo era, como dice Scott Fitzgerald, una ilusión que te aleja de ti mismo. Una voz que manipula, distorsiona y determina mucho de lo que hacemos y, sobre todo, de lo que no hacemos. Decisiones eternamente aplazadas, relaciones que nos destruyen. Concesiones, silencios y muchas formas de soledad. En la sonrisa de la guapa y los temblores de Hopper lo que hay es, sobre todo, miedo.

Klaus está muerto de miedo.

«No se puede tocar temblando —decía mi padre siempre—, es horrible tocar temblando». Nunca quise vivir temblando.

Me dio miedo irme a estudiar fuera y me fui. Me dio miedo casarme y me casé. Me dio miedo tener un hijo y tuve cuatro. Me dio miedo separarme y me separé.

Poco a poco he terminado entendiendo que mucho del miedo que sentí al quedarme sola no era del todo mío. Era un miedo importado: la soledad, con todo su halo de sospecha y de derrota, tal como la veían los otros. El malestar surge de la brecha entre lo que se desea y lo que se tiene. Y lo que deseamos tiene mucho que ver con lo que el mundo ha establecido como deseable. La soledad no entra en esa categoría. Quedan muy lejos aquellos tiempos en que se la reverenciaba como el refugio natural de los espíritus elevados. Ahora es el monstruo del cuento. Vacío, pérdida, enfermedad. Incluso cuando alguien se siente obligado a matizar que en su caso es deseada, hay algo de disculpa, de reivindicación.

Mientras no cambiemos esa mirada, cualquier avance al respecto será solo un parche. Por muchas políticas públicas que pongamos en marcha, si el pensamiento común sigue considerando la soledad como una peste, es difícil que los que están solos no se sientan apestados. Las emociones nacen del pensamiento. Lo sabe cualquiera que ha tenido un ataque de ansiedad y lo corrobora Tatia M. C. Lee, directora de un estudio de la Universidad de Hong Kong, que relaciona soledad y depresión. Según ella, la soledad tiene muchas más probabilidades de derivar en un estado depresivo cuando quien la experimenta rumia constantemente su aislamiento.

La soledad no es una pandemia, es el nuevo dibujo del mundo. Sesenta millones de personas en Europa afirman sentirse solas y vayamos donde vayamos los datos repiten lo mismo: Occidente, Asia, África.* Se extiende por todas partes como la

---

* En contra de lo que solemos pensar, no son los países más ricos e individualistas los que registran mayores índices de soledad no deseada: la lista la encabezan Lesoto, Filipinas, Uganda, Botsuana y Afganistán. Esa idea romántica de que en los países pobres la gente se siente menos sola no es más que eso, una fantasía, un confortable consuelo moral.

gran sombra de nuestros tiempos, una masa de silencio que causa miles de muertes al año, enferma física y mentalmente, y afecta a la productividad, a la creatividad, al rendimiento académico e incluso al comportamiento electoral.

Lo lógico es pensar que muchos de nosotros pasaremos alguna vez por ahí. Tras un divorcio o una muerte, cuando nuestros hijos se vayan de casa o incluso aunque nada cambie salvo nosotros. Y es importante que, cuando lleguemos, no nos asuste reconocernos ahí y que, al margen de la dificultad de adaptarse a un nuevo estado, no sintamos culpa, ni vergüenza, ni derrota.

Hay que llenar las calles de soledades bonitas y fecundas. Contar que a Frida Kahlo la soledad la hizo libre; a Cristiano Ronaldo, excelente, y a Nelson Mandela, líder. Hablar de soledades pobladas, como la del pescador inmóvil que tengo delante y la de todos esos personajes que describe Erling Kagge en su maravilloso *El silencio en la era del ruido*: monjes en las montañas, eremitas, pastores de ovejas o exploradores. Todos acabaron descubriendo que los grandes hallazgos de la vida se esconden en el silencio. Y descubrieron también que los silencios no pesan cuando hay propósito. Da igual cuál sea, basta con querer aprender un idioma, con cultivar un jardín.

Pienso en el silencio de Michael Collins, el tercer tripulante de la expedición a la Luna. Mientras Neil Armstrong y Buzz Aldrin daban el *gran paso para la humanidad*, Collins se quedó orbitando solo en el espacio. Cada vez que pasaba por la cara oscura de la Luna se quedaba cincuenta minutos sin ninguna clase de conexión con la Tierra. Nunca un ser humano había estado tan lejos de otro. Años después, escribía esto en sus memorias: «Fuera de mi ventana puedo ver estrellas, y eso es todo. Donde sé que está la Luna, simplemente hay un vacío negro. Comparar la sensación con algo terrestre es imposible. Lo siento poderosamente, no como miedo o soledad, sino como conciencia, anticipación, satisfacción, confianza, casi exultación».

Propósito.

Pienso en estos últimos meses. He tenido muchas sensaciones difíciles durante el encierro de este libro. Deriva, aridez, agotamiento. Incluso una sensación física, difícil de explicar, de que escribir mata. Pero ni un solo minuto, mientras buscaba la música en las palabras, me ha importado lo más mínimo la soledad. No tenía tiempo para rumiarla.

Cambiar la mirada sobre la soledad no disminuiría nuestra necesidad de los otros —nadie se basta a sí mismo— ni nuestras ganas de enamorarnos o formar una familia. Pero ayudaría a que los solitarios del mundo dejaran de vivir su soledad como un vacío. A que quienes se sienten solos sin estarlo entendieran que quizá el problema no es la soledad, sino la falta de conexión consigo mismos. A que dejáramos de tenerle miedo. Porque si algo he descubierto en este largo viaje es que el miedo casi siempre miente. Nada sucede como lo proyectamos. Para bien y para mal, la vida sorprende. Las cosas que de verdad debieran asustarnos llegan por sorpresa, una madrugada cualquiera, sin haber sido ni remotamente imaginadas.

Aún sigo teniendo miedo, muchos miedos. Me dan miedo las casas vacías. Algunos lunes por la noche, cuando giro la llave en la cerradura y el recibidor se abre oscuro como la boca de un pozo, el miedo me retumba dentro como un tambor. Sube conmigo al rellano de la primera planta y me lleva muy rápido por delante de las puertas cerradas. Sigo notándolo en el último repecho hasta mi cuarto. Mientras enciendo la luz y cierro con llave la puerta. Cuando me meto en la cama y siento la casa vacía respirando debajo. Pero es solo ese rato; luego pongo una serie y voy quedándome dormida.

Me da miedo mi soledad cuando los niños se hayan ido del todo. Cuando ya no pueda distraer mi cabeza en sus tropiezos y sus euforias. Cuando las tardes se sucedan esperando su llamada y respetando su silencio.

Me da miedo que, un buen día, la tristeza empiece a crecer y el mundo a menguar.

Más incluso que la tristeza, me asusta dejar de sentir.

Me da miedo que mi madre se muera y el aire se vuelva helado.

Me dan miedo muchas cosas, pero ya no me da miedo el miedo. Nado feliz, por primera vez, en este océano salvaje.

Cuando la soledad de mi casa sea definitiva, me mudaré a una más pequeña y abrigada. Cerca de esta, para poder pasear por la colina que hay cerca de su colegio y que en primavera se llena de flores de lavanda. Pasaré las manos por encima y me oleré las palmas después. Mientras las rodillas aguanten, caminaré por ese tramo del río que despierta entre vapores y refleja, simétricos, el cielo y los chopos. «Existe en la naturaleza un sutil magnetismo —dice Thoreau—, si cedemos inconscientemente a él, nos dirigirá correctamente».

Me despertaré tarde y veré las hojas flotar en el humo gris del otoño.

Volveré siempre a Cádiz a buscar la alegría. Al *mercao*, a la Caleta, a la esquina improvisada y las conversaciones de bancos y pipas:

—*Pue* mira, vengo de reformar la casa de Vejer y ahora me voy *pa* Málaga, que me he *comprao* otra allí.

—Quillo, tienes más propiedades que el aloe vera.

Cuando se haga de noche, me meteré en una taberna con fotos de Pericón o Juanito Villar y escucharé cantar a alguna gitana de pelo muy largo que suena a licor dulce. Cerraré los ojos y todo volverá a ser niñez.

Regresaré luego al silencio, en el que vivirán, dentro de muchos años, esta noche de luna mínima, las manos de Kamuri y el camisón de la inglesa. En el que volveré a encontrarme con mi padre agarrado al motor de su barca y con mis hijos, de nuevo niños, peleándose por dormir conmigo. Ahí estarán todos los colores de mi memoria, los que ya fueron y los que aún están por llegar.

Entonces he salido del agua y me he enrollado el cuerpo en la toalla. Antes de atravesar la puerta que da al jardín del hotel me he dado la vuelta por última vez. Todo estaba en paz. El cielo de un azul entero. Las rocas sin la espuma rompiendo en su espalda. Al fondo las solitarias palmeras que nada tienen de dibujo infantil. «La despedida es todo lo que sabemos del cielo y todo lo que necesitamos del infierno». Emily Dickinson llegó a todo primero.

Contemplo desde aquí el ir y venir de los camareros con los últimos preparativos de la cena. Cuando he llegado, aún con luz, estaban fijando los caballetes metálicos en la hierba y apoyando encima los tableros. Ahora unos tensan los manteles blancos y otros descargan fuentes, copas y platos. Nunca parecen cansados.

Algunos huéspedes revolotean alrededor de la piscina. Elegantes, quemados y ajenos. Ninguna cara me resulta ya familiar. Klaus y su familia se fueron anteayer. El sepulturero, poco después de la accidentada excursión de la laguna. Creo que el artista se marchó el mismo día que la griega. De los que llegaron conmigo solo quedan la guapa, Hopper y la inglesa, pero no han bajado aún.

Qué definitiva es la gente en los paisajes, pienso: qué poco se parece una playa de invierno a esa misma playa en verano, qué distinta es mi cocina con los niños o sin ellos, qué poco tienen que ver una cama vacía y otra con un cuerpo dormido dentro.

Hasta hace apenas una semana este lugar me pertenecía. Ya no. Por eso mi espíritu, que, como todos los espíritus, es multitud, ya ha enviado una delegación de vuelta. A veces estoy aquí y otras, en septiembre. Tengo ganas de Madrid. De ellos. De los pasos clandestinos de madrugada y la sombra negra de Juan abriendo mi puerta sin atreverse del todo. De las piernas de lagartija de Curro retorciéndose a mi lado en el sofá. De Casilda, sus dudas, su «reina» y su cama revuelta como el nido de una urraca. De Pipe llegando del colegio con la mochila al fin bien puesta y, a veces —los días de lluvia—, aquella mirada líquida. Tengo ganas de leer en la silla blanca del salón con la ventana abierta. Del campo en octubre y de la cerveza con Chía en la plaza de Oriente. De mis sobrinos, mis amigos, los conciertos y la risa. De las cenas de los lunes con Alejandro para el cambio de turno y las tardes de los jueves con Marta siendo otra vez las que fuimos. De los perezosos domingos conmigo misma y de los viernes inciertos. Tengo ganas de pasear por Madrid. De las sardinas del Rastro. De bajar por la Gran Vía hasta ese semáforo donde Cibeles es luz y Metrópolis, sombra. Sobre todo, tengo ganas de mi madre. De sus manos desmigando el pan sobre el mantel. De su ironía, su imaginación y sus quejas. De darme cuenta, una vez más, de que no existe una compañía a su altura.

Una ráfaga me devuelve al jardín. Los restos calientes del día y el frío limpio del mar cruzan su respiración en el aire y me erizan la espalda. Vuelvo aquí. A la luna mínima como una uña y al monótono rumor de la piscina. La guapa baja por la cuesta con el pelo alborotado y un indescriptible sonrojo que hace juego con el vestido. Sigo su mezclarse con el fulgor y, al recorrer la explanada con la vista, me doy cuenta de que la inglesa también está aquí. Lleva un vestido blanco que parece un camisón y acentúa su aire de niña huérfana. No da vueltas. Con la espalda apoyada en una de las mesas y los brazos caídos, mira asombrada a los artistas, que acaban de llegar, campo a través, y colocan sus instrumentos en el rincón más iluminado del jardín. Salgo al fin de las sombras y me acerco curiosa a la fiesta. Los solitarios comen de pie o sentados en alguna piedra. Cuando los músicos, con el torso desnudo y un gran fajín rojo, empiezan a tocar los tambores, no hay uno solo de ellos que no empiece a mover los pies. Únicamente las grandes tragedias, y quizá algunos deportes, pueden rivalizar con el ritmo como elemento unificador.

Los músicos se miran cómplices, hablando sin hablar. Unos mueven todo el cuerpo con el golpe y otros centran la fuerza en la descarga. Saben justo cuándo ceder el paso, cuándo acompañar y cuándo aumentar el pulso hasta un hipnótico delirio común. No sé si es estrictamente música, porque no hay melodía. Tampoco relato. Pero hay energía, vibración y latido. El sonido entra primero por el pecho y luego por la espalda. Miro a mi alrededor. La multitud parece de pronto un campo de girasoles mecidos por el viento. Se balancean despacio, con la mirada fija, rendidos al hechizo de lo ritual.

Pum, pum, pum, pum.

También yo acabo cediendo. Noto cómo algo dentro empieza a caer.

Pum, pum, pum, pum.

Sigo bajando. Ya no hay palabras.

Pum, pum, pum, pum.

Entonces, en la penumbra del fondo, me doy cuenta de que acabo de llegar al final.

Miro a mi alrededor por última vez y me lo guardo todo muy dentro. Las velas, las caras húmedas, el edificio de hormigón comido por la maleza. A la inglesa, que baila en medio del jardín con los ojos cerrados y abrazada a su propio cuerpo. Se ha vuelto bella, incandescente, y algunas cabezas se giran para mirarla. Me viene a la mente esa frase de Edith Stein: «Nunca aceptes una verdad sin amor ni un amor sin verdad».

Me pongo las sandalias y empiezo a subir por el camino que pincha. Al llegar a lo alto de la colina, me agacho para coger un puñado de piedrecitas y las meto en el bolso. Luego avanzo por el pasillo que va hacia mi cuarto. La selva, como el mar, guarda silencio esta noche. Entonces lo entiendo. Con tanta fuerza que tengo que pararme un rato. Este libro nunca fue para mí. Ni siquiera para todos los que como yo han tenido miedo al silencio. Este libro es para ellos: mis hijos. Para que puedan encontrarme cuando no esté y para que, si alguna vez se sienten solos, recuerden que su madre también lo estuvo. Y que, misteriosamente, al calor de esa soledad, se le secaron por fin las alas.

«Para viajar lejos no hay mejor nave que un libro».

EMILY DICKINSON

Gracias por leer este libro.

En **penguinlibros.club** encontrarás las mejores
recomendaciones de lectura.

Únete a nuestra comunidad y viaja con nosotros.

penguinlibros.club

Penguin
Rándom House
Grupo Editorial

 penguinlibros